Könige, Gaukler, einfache Wanderer, Alchimisten, Ritter, Damen, Lady Maybeth, Parsifal, König Lear, Faust ... Sie alle irren im Wald umher. Von der Nacht überrascht, auf der Suche nach Zuflucht, treffen sie im ›Schloß, darin sich Schicksale kreuzen‹, aufeinander. Da sie einander kaum bekannt sind und ihre Abenteuer nicht einfach erzählen können, weil es ihnen, warum auch immer, »die Sprache verschlagen hat«, versuchen sie anhand der Tarotkarten ihre Geschichten zu erzählen, wie es die zufällige Anordnung der Figuren nahelegt. Ein rätselhaftes Spiel der Mehrdeutigkeiten hebt an. Würde man alle Geschichten, die sich in den Piktogrammen verbergen, auch erzählen wollen, es entstünde quasi ein unendliches Erzählprojekt.
Italo Calvino erzählt einige Geschichten, wie sie sich aus den gezogenen Tarotkarten und den wechselnden Sequenzen ihrer Abfolge – horizontal oder vertikal – ergeben. Dabei werden die ausgelegten Karten »auf die denkbar einfachste und unmittelbarste Art und Weise ›gelesen‹« – sowohl in ihrer jeweils besonderen Bedeutung, als auch in der, die sich durch ihre Zugehörigkeit zu einer besonderen Sequenz ergibt. Und damit der Leser sich selbst ein Bild machen kann, wird jede der Geschichten mit ihren jeweiligen Karten »illustriert«.

Italo Calvino, am 15. Oktober 1923 in Santiago de las Vegas auf Kuba geboren, wuchs in San Remo auf. Er arbeitete mehrere Jahre als Lektor des Verlages Einaudi und als Redakteur bei verschiedenen Zeitschriften. Sein Werk wurde mit zahlreichen Preisen ausgezeichnet und in alle Weltsprachen übersetzt. Italo Calvino starb am 19. September 1985 in Siena.

ITALO CALVINO

Das Schloß, darin sich Schicksale kreuzen

Aus dem Italienischen
von Heinz Riedt

Mit einem Nachwort
von Giorgio Manganelli

FISCHER Taschenbuch

Für die Shakespeare-Zitate wurden die Übersetzungen von Schlegel, Tieck und Baudissin benutzt.

MIX
Papier | Fördert gute Waldnutzung
FSC® C083411
FSC www.fsc.org

2. Auflage, 2026

Erschienen bei FISCHER Taschenbuch
Frankfurt am Main, Mai 2014

Lizenzausgabe mit freundlicher Genehmigung
des Carl Hanser Verlag München Wien
Die italienische Originalausgabe erschien erstmals 1973
unter dem Titel ›Il castello dei destini incrociati‹
bei Giulio Einaudi editore, S.p.A., Turin

Druck und Bindung: CPI books GmbH, Leck
ISBN 978-3-596-90538-6

Kontaktadresse nach EU-Produktsicherheitsverordnung:
produktsicherheit@fischerverlage.de

DAS SCHLOSS, DARIN SICH SCHICKSALE KREUZEN

DAS SCHLOSS

Mitten in einem dichten Wald bot ein Schloß denen Zuflucht, die unterwegs von der Nacht überrascht wurden: Rittern und Damen, königlichen Gefolgen und einfachen Wanderern.

Ich ritt über eine baufällige Zugbrücke, stieg ab in einem dunklen Hof, schweigende Stallknechte nahmen mein Pferd in Verwahrung. Ich war außer Atem; ich konnte mich kaum noch auf den Beinen halten; seitdem ich in den Wald gekommen war, hatte ich so viel erlebt an Begegnungen, Erscheinungen, Duellen, daß ich jetzt weder meine Bewegungen noch meine Gedanken ordnen konnte.

Ich stieg eine breite Treppe hinauf; fand mich in einem hohen geräumigen Saal: da saßen viele Menschen – gewiß auch sie nur Zufallsgäste, die mir auf den Waldwegen vorangegangen waren – beim Abendessen an einer mit Kandelabern erhellten Tafel.

Wie ich mich umsah, hatte ich eine sonderbare Empfindung oder, besser: zwei ganz verschiedene Empfindungen, die sich in meinem vor Müdigkeit ein wenig unsicheren und verwirrten Sinn vermengten. Mir war, als befände ich mich an einem reichen Hof, was man bei einem so ländlichen und abgelegenen Schloß gar nicht vermuten konnte; und nicht nur wegen der wertvollen Einrichtung und der ziselierten Teller und Becher, sondern ob der Ruhe und Gesetztheit der Tischgenossen, die alle ein schönes Aussehen hatten und mit ausgesuchter Eleganz gekleidet waren. Und gleichzeitig hatte ich ein Gefühl von Ungefähr und von Unordnung, wenn nicht gar von einem Sichgehenlassen, als wäre dies nicht ein Herrschaftssitz, sondern eine Durchgangsherberge, wo einander Unbekannte von unterschiedlicher Herkunft und Heimat zufällig für eine Nacht beisammen sind, in deren erzwungener Promiskuität ein jeder spürt, wie sich die ihm vertrauten Verhaltensregeln lockern und – wie er ja auch weniger komfortable Lebensumstände hinnimmt – er sich selbst zu einem freieren, anderen Benehmen gehenläßt. In der Tat konnten sich die beiden widersprüchlichen Eindrükke sehr wohl auf ein und dasselbe Objekt beziehen: sei es nun, daß das seit vielen Jahren nur als Durchgangsaufenthalt besuchte Schloß allmählich zur Herberge degradiert und Herr und Herrin in die Rolle von Wirt und Wirtin gedrängt worden waren, obwohl sie immer wieder die Gesten herrschaftlicher Gastfreundschaft zeigten; oder sei es, daß eine Taverne, wie man sie häufig in der Nähe der Schlösser trifft, um Soldaten und Reitknechten einzuschenken, die ehemals herrschaftlichen Säle okkupiert – da das Schloß seit Zeiten verlassen war – und ihre Bänke und Bottiche hineingestellt hatte und die Pracht jener Räumlichkeiten – mit dem Kommen und Gehen vornehmer Gäste – ihr eine ungeahnte Würde verliehen hatte, so daß dies Wirt und Wirtin in den Kopf gestiegen war und sie sich am Ende für die Herren eines prunkvollen Hofes hielten.

Diese Gedanken gingen mir, ehrlich gesagt, nur einen Augenblick lang durch den Sinn; es überwog die Erleichterung, mich gesund und wohlbehalten inmitten einer auserlesenen Gesellschaft zu befinden, dazu das dringende Bedürfnis, eine Unterhaltung zu beginnen (auf einen Wink dessen, der hier Schloßherr – oder Wirt – zu sein schien, hatte ich mich auf den einzigen noch freien Platz gesetzt) und mit den Weggefährten die Berichte über die bestandenen Abenteuer auszutauschen. Doch, anders als sonst in Herbergen und auch an Höfen, sprach an dieser Tafel keiner ein Wort. Wollte ein Gast seinen Nachbarn um das Salz oder den Ingwer bitten, tat er dies mit einer Geste, und mit Gesten wandte er sich auch an die Dienerschaft, damit ihm ein Stück Fasanentimbale tranchiert oder eine halbe Pinte Wein eingeschenkt werde.

Entschlossen, dem ein Ende zu bereiten, was ich für ein Versagen der Zungen nach all den Strapazen des Weges hielt, wollte ich in einen lauten Ausruf ausbrechen, etwa: »Mahlzeit!«, »Wie schön!«, »Glück gehabt!«; doch kein Laut kam aus meinem Mund. Das Klappern und Klirren von Löffeln, Kelchen und Bestecken überzeugte mich sehr wohl, daß ich nicht taub geworden war: mir blieb nur die Ahnung, stumm geworden zu sein. Und das bestätigten mir die Tischgenossen, denn auch sie bewegten ihre Lippen lautlos und mit liebenswürdiger Resignation: offenbar hatte der Weg durch den Wald einem jeden von uns die Rede verschlagen.

Nach einem Abendessen in Schweigen, das durch die Kaugeräusche und das Schnalzen beim Weintrinken nicht eben angenehm wurde, blieben wir sitzen und sahen einander ratlos ins Gesicht, weil wir die vielen Abenteuer nicht erzählen konnten, die einem jeden von uns doch auf der Seele brannten. Da legte derjenige, der wie der Schloßherr aussah, ein Kartenspiel auf den soeben abgeräumten Tisch. Es waren

Tarockkarten, größer als man sie sonst zum Spielen gebraucht oder aus denen Zigeunerinnen wahrsagen, doch man konnte in etwa die gleichen Figuren erkennen, aufgetragen mit den Farben kostbarster Miniaturen. Könige und Königinnen, Reiter und Buben waren junge, wie zu einem fürstlichen Feste prächtig gekleidete Menschen; die zweiundzwanzig großen Arkana glichen Gobelins in einem Hoftheater; und Pokale, Münzen, Schwerter, Stäbe leuchteten wie heraldische Symbole, verziert mit Spruchbändern und Vignetten.

Wir breiteten die Karten offen auf den Tisch, als wollten wir sie kennenlernen und ihnen den rechten Wert beim Spiel oder die wahre Bedeutung beim Lesen des Schicksals geben. Aber anscheinend hatte keiner von uns Lust, ein Spiel zu spielen oder gar die Zukunft zu befragen, war es doch, als wären wir bar jeder Zukunft, im ungewissen mitten auf einer Reise, die nicht zu Ende war und nicht zu Ende gehen würde. In den Tarocks sahen wir etwas anderes, etwas, das unsere Augen nicht mehr losließ von den vergoldeten Bausteinen dieses Mosaiks.

Einer der Tischgenossen zog die verstreuten Karten an sich und machte so einen Großteil des Tisches frei; doch er tat sie nicht zu einem Päckchen zusammen und mischte sie auch nicht; er nahm eine Karte und legte sie vor sich hin. Wir alle erkannten die Ähnlichkeit seines Gesichtes mit demjenigen der Kartenfigur und glaubten zu verstehen, daß er damit »ich« sagen wollte und sich anschickte, seine Geschichte zu erzählen.

GESCHICHTE VON DER BESTRAFUNG DES UNDANKBAREN

Dadurch, daß unser Tischgenosse sich mit der Figur des *Pokalreiters* vorstellte – ein rosiger, blonder Jüngling, der einen von sonnenförmigen Stickereien funkelnden Mantel zur Schau trug und auf der vorgestreckten Hand eine Gabe darbot gleich derjenigen der Drei Weisen –, wollte er uns wahrscheinlich seine begüterten Verhältnisse mitteilen, seine Neigung zu Luxus und Verschwendung sowie – da er sich zu Pferde zeigte – seinen Drang nach Abenteuern, obgleich dieser – so urteilte ich beim Anblick all der Stickereien sogar auf der Schabracke des Zelters – mehr dem Wunsche nach Schein als echter ritterlicher Berufung entsprang.

Der schöne Jüngling machte eine Geste, wie um unsere ganze Aufmerksamkeit zu fordern, und begann seine stumme Erzählung damit, daß er drei Karten nebeneinander auf den Tisch legte: den *Münzenkönig*, die *Münzen-Zehn* und die *Stab-Neun*. Der trauernde Ausdruck, mit dem er die erste der drei Karten ablegte, und der erfreute, mit dem er die zweite herzeigte, schien uns erklären zu wollen, daß er nach dem Ableben seines Vaters – der *Münzenkönig* stellte eine nur wenig ältere Persönlichkeit dar als die anderen, von gesetztem, blühendem Aussehen – eine ansehnliche Erbschaft gemacht hatte und unverzüglich losgezogen war. Letzteres schlossen wir aus der Armbewegung, wie er die *Stab-Neun* hinwarf, eine

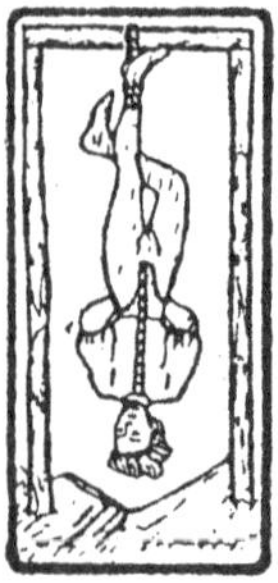

Karte, die uns – mit ihrem Gewirr ausgestreckter Äste über einer kümmerlichen Vegetation von Blättern und kleinen wilden Blumen – an den Wald erinnerte, den wir gerade erst durchquert hatten. (Ja, wer die Karte genauer betrachtete, den ließ jenes vertikale, die schräggestellten anderen Hölzer kreuzende Segment sogar an den Weg denken, der sich in das Waldesdikkicht bahnt.)

Der Anfang der Geschichte konnte demnach so lauten: Als der Ritter erfahren hatte, daß er genügend Mittel besaß, sich an den prunkvollsten Höfen Ehre einlegen zu können, machte er sich flugs mit einem Beutel voller Goldstücke auf den Weg, um die berühmtesten Schlösser der Umgebung zu besuchen, womöglich in der Absicht, eine Braut von hohem Range zu erobern; und er ging, davon träumend, in den Wald hinein.

Den aneinandergereihten Karten gesellte sich eine hinzu, die mit Sicherheit eine üble Begegnung verhieß: *Die Kraft.* In unserm Tarockspiel war dieses Arkanum durch einen bewaffneten Gewaltmenschen wiedergegeben, über dessen ruchlose Absichten der brutale Gesichtsausdruck, die durch die Luft gewirbelte Keule und die Wucht keinen Zweifel ließen, mit der er einen Löwen durch einen harten Schlag zu Boden streckte, wie man's sonst bei Karnickeln zu tun pflegt. Die Erzählung war deutlich: mitten im Wald war der Ritter in den Hinterhalt eines wilden Räubers geraten. Die schlimmsten Befürchtungen wurden mit der nachfolgenden Karte bestätigt, mit dem zwölften Arkanum, genannt *Der Gehenkte,* auf dem ein Mann in Hose und Hemd, gefesselt und kopfunter an einem Fuße aufgeknüpft zu sehen ist. In dem Gehenkten

erkannten wir unsern blonden Jüngling: der Räuber hatte ihn völlig ausgeplündert und ihn mit dem Kopf nach unten an einem Aste baumeln lassen.

Wir atmeten erleichtert auf bei der Mitteilung, die uns das von unserm Tischgenossen mit dankbarem Ausdruck niedergelegte Arkanum *Die Mäßigung* zukommen ließ. Von ihm erfuhren wir, daß der baumelnde Mann herankommende Schritte gehört und sein umgekehrtes Auge ein Mädchen erblickt hatte, vielleicht die Tochter eines Holzfällers oder Ziegenhirten, die nacktfüßig über die Wiese mit zwei Krügen daherkam, gewiß auf dem Rückweg von einer Quelle. Es gab für uns keinen Zweifel, daß der kopfunten hängende Mann von diesem einfachen Waldmädchen befreit wurde, daß sie ihm Beistand leistete und ihn auch wieder in seine normale Position brachte. Als wir das *Pokal-As* niederfallen sahen, auf das ein Brunnen gemalt ist, der zwischen blühenden Moosen und Flügelgeschwirre dahinfließt, da war uns, als hörten wir in unmittelbarer Nähe das Keuchen eines Mannes, der bäuchlings seinen Durst stillt.

Aber es gibt Quellen – so dachten gewiß einige unter uns –, die vermehren nur den Durst, kaum hat man von ihnen getrunken, und löschen ihn nicht. Es war vorauszusehen, daß in den beiden jungen Menschen – sobald der Taumel im Kopf des Ritters verflogen – ein Gefühl entbrannte, das über die Dankbarkeit (auf der einen Seite) und das Mitleid (auf der anderen Seite) hinausging und auch gleich Gelegenheit fand – begünstigt vom Schatten des Waldes –, sich in einer Umarmung auf dem Wiesengrund zu äußern. Nicht ohne Ursache war die folgende Karte eine *Pokal-Zwei*, geschmückt mit dem Spruchband »mein Lieb«

und blühend von Vergißmeinnicht: ein mehr als nur wahrscheinliches Indiz für eine Liebesbegegnung. Schon machten wir uns darauf gefaßt – insonderheit die Damen der Gesellschaft –, den weiteren Verlauf einer zarten Minne zu genießen, da legte der Ritter noch eine *Stab*karte ab, und zwar eine *Sieben*, und es schien, als sähe man, wie sich zwischen den dunklen Stämmen des Waldes sein schmaler Schatten entfernte. Man brauchte sich keine Illusionen zu machen über einen andern Ausgang der Dinge: das Waldidyll war kurz gewesen, armes junges Ding, Blume auf der Wiese gepflückt und fallengelassen, der undankbare Ritter dreht sich nicht einmal um, ihr ein Adieu! zu sagen.

An dieser Stelle begann offenbar eine zweite Geschichte, vielleicht nach einem Intervall: denn der Erzähler schickte sich an, andere Tarocks zu einer neuen Reihe zusammenzufügen, links neben der ersten; und legte zwei Karten hin, *Die Kaiserin* und die *Pokal-Acht*. Der plötzliche Szenenwechsel brachte uns für einen Augenblick aus dem Konzept: doch sehr bald drängte sich – wie ich meine – uns allen die Lösung auf, nämlich, daß der Ritter endlich gefunden hatte, was er gesucht, eine Braut von hoher und standesgemäßer Abkunft wie eben jene, die wir hier im Konterfei sahen, gar ein gekröntes Haupt mit Familienwappen und fadem Gesicht – und auch ein bißchen älter als er, wie die Boshaften unter uns sicher gleich merkten – und einem Gewand, über und über bestickt mit ineinander verschlungenen Ringen, wie um zu sagen: »Heirate mich! Heirate mich!« Eine Aufforderung, der prompt entsprochen wurde, wenn es stimmt, daß die *Pokal*karte auf ein Hochzeitsmahl mit zwei Reihen von Gästen hinwies, die auf das Wohl des Brautpaares am Ende der mit dem blumengeschmückten Tischtuch bedeckten Tafel anstießen.

Die Karte, die danach abgelegt wurde, der *Schwertreiter*, kündete, da in kriegerischer Aufmachung, ein unvorhergesehenes Ereignis an: entweder war ein berittener Bote mitten in das Fest hineingeplatzt und hatte eine schlimme Nachricht überbracht oder der Bräutigam selbst, einem geheimnisvollen Ruf folgend, hatte das Bankett verlassen, um gerüstet in den Wald zu eilen, oder auch beides zusammen: der Bräutigam, von einer unvorhergesehenen Erscheinung benachrichtigt, hatte sofort seine Waffen ergriffen und war aufs Pferd gesprungen. (Gewitzigt durch das vorangegangene Abenteuer, wagte er sich nicht vor die Tür, es sei denn in voller Bewaffnung.)

Wir warteten gespannt auf eine weitere Karte mit einer besseren Erklärung; es kam *Die Sonne*. Der Maler hatte das Tagesgestirn in die Hände eines laufenden Kindes gelegt, ja, dieses fliegt sogar über eine vielgestalte, weite Landschaft. Dieser Abschnitt in der Erzählung war nicht leicht zu interpretieren: es konnte einfach heißen »es war ein schöner, sonniger Tag«, und in diesem Fall verschwendete unser Erzähler seine Karten, um uns unwesentliche Einzelheiten zu berichten. Vielleicht sollte man sich weniger an die allegorische und mehr an die wörtliche Bedeutung der Figur halten: man hatte einen halbnackten kleinen Jungen gesehen, der sich in der Nähe des Schlosses tummelte, wo Hochzeit gefeiert wurde, und um den Bengel zu verfolgen, verließ der Bräutigam die Festtafel.

Doch durfte man nicht übersehen, was das Kind trug:

dieser strahlende Kopf konnte des Rätsels Lösung bergen. Wir richteten unsern Blick wieder auf die Karte, mit der sich unser Held vorgestellt hatte, und dachten an das Sonnenmuster oder die Sonnenstickerei, die er auf dem Mantel hatte, als er von dem Räuber überfallen wurde: vielleicht sah man diesen Mantel, den der Ritter auf der Wiese seiner flüchtigen Liebe vergessen hatte, jetzt wie einen Papierdrachen übers Gelände flattern, und um ihn wiederzubekommen, machte er sich an die Verfolgung des Schlingels, oder auch aus Neugierde, wie er hierhergeraten war, das heißt, um herauszufinden, was für ein Zusammenhang zwischen Mantel, Kind und Waldmädchen bestand.

Auf diese Frage erhofften wir eine Antwort von der folgenden Karte, und wie wir dann *Die Gerechtigkeit* sahen, wurde uns klar, daß dieses Arkanum – das nicht nur, wie bei den gewohnten Tarockkarten, eine Frau mit Schwert und Waage zeigte, sondern darüber hinaus im Hintergrund (oder, je nach Betrachtungsweise, auf einer Lunette über der Hauptfigur) noch hoch zu Roß und im Harnisch einen Krieger (oder eine Amazone?) in der Attacke – eines der ereignisschwersten Kapitel unserer Geschichte beinhaltete. So zum Beispiel: als er den Bengel mit dem Drachen schon beinahe eingeholt hatte, versperrte ihm ein anderer Ritter in voller Rüstung den Weg.

Was konnten sie sich gesagt haben? Als Anfang erst einmal: »Wer da?«

Und der unbekannte Ritter hatte das Gesicht gezeigt, ein Frauengesicht, in dem unser Tischgenosse seine Retterin aus dem Walde wiedererkannte, rundlicher und bestimmter und ruhiger geworden, auf den

Lippen ein kaum angedeutetes schwermütiges Lächeln.

»Was begehrst du von mir?« muß er sie gefragt haben.

»Gerechtigkeit!« hatte die Amazone gesagt. (Die Waage verwies auf eben diese Antwort.)

Doch bei genauem Überlegen konnte sich die Begegnung auch so abgespielt haben: eine Amazone war aus dem Walde zum Angriff gegen ihn geritten (Figur im Hintergrund, beziehungsweise auf der Lunette) und hatte ihn angerufen: »Halt! Weißt du, wen du verfolgst?«

»Wen?«

»Deinen Sohn!« hatte die Kriegerin erwidert und das Gesicht gezeigt (Figur im Vordergrund).

»Was kann ich denn tun?« mußte unser Mann in jäher und später Reue gefragt haben.

»Dich Gottes Urteil *(Waage)* stellen! Verteidige dich!« *(Schwert)*; und sie hatte das Schwert gezogen.

›Nun wird er uns das Duell beschreiben‹, dachte ich, und wirklich war die gerade abgeworfene Karte die waffenklirrende *Schwert-Zwei.* Zerfetzt fielen die Blätter des Waldes und Schlingpflanzen wanden sich um die Schneiden. Aber der trostlose Blick, mit dem der Erzähler auf diese Karte sah, ließ über den Ausgang keinen Zweifel: die Gegnerin erwies sich als kampferprobte Draufgängerin; nun war es an ihm, blutend auf dem Wiesengrund zu liegen.

Er kommt wieder zu sich, öffnet die Augen, und was sieht er? (Es war die – ehrlich gesagt, ein wenig emphatische – Mimik des Erzählers, die uns aufforderte, die nächste Karte wie eine Offenbarung zu erwarten.) *Die Päpstin:* geheimnisvolle gekrönte monastische Figur. War ihm eine Nonne beigestanden?

Seine Augen starrten entsetzt auf diese Karte. Eine Hexe? Flehend hob er seine Hände zu einer Geste sakralen Terrors. Die Hohepriesterin eines geheimen blutigen Kults?

»Wisse, daß du – (was konnte ihm die Päpstin anderes gesagt haben, um diese Grimasse des Grauens bei ihm zu bewirken?) – in der Person des Mädchens Kybele beleidigt hast, die Göttin, der dieser Wald geweiht ist. Nun bist du in unserer Hand.«

Und was konnte er schon erwidert haben, wenn nicht flehentlich stotternd: »Ich will büßen, Sühne leisten, Erbarmen ...«

»Jetzt wird der Wald dich bekommen. Der Wald ist Verlust des Ichs, ist Vermischung. Um mit uns eins zu werden, mußt du verlorengehen, mußt die Attribute deines Ichs ausreißen, mußt dich zerteilen, in die Undifferenziertheit eingehen, dich der Mänadenschar anschließen, die kreischend durch den Wald rennt.«

»Nein!« war der Aufschrei, den wir aus seiner stimmlosen Kehle hervorbrechen sahen, doch schon brachte die letzte Karte die Erzählung zu Ende, es war das *Schwert-As*, die schneidenden Klingen der wirrhaarigen Kybele-Jüngerinnen drangen auf ihn ein und zerstückelten ihn.

GESCHICHTE VOM ALCHEMISTEN, DER SEINE SEELE VERKAUFTE

Die Ergriffenheit nach dieser Erzählung war noch nicht vorbei, da gab ein anderer Tischgenosse durch Zeichen zu verstehen, daß auch er das Seine sagen wollte. Vor allem eine Passage in der Geschichte des Ritters schien seine Aufmerksamkeit gefesselt zu haben, eigentlich ein zufälliges Beieinander von Karten in den beiden Reihen: *Pokal-As* und *Päpstin.* Um zu bedeuten, daß er sich von diesem Zusammensein unmittelbar angesprochen fühlte, legte er in gleicher Höhe der beiden Karten rechts die Figur des *Pokalkönigs* an (der als sein recht jugendliches und – um der Wahrheit willen – übertrieben geschmeicheltes Konterfei gelten konnte) und links, in Fortsetzung einer horizontalen Reihe, die *Stab-Acht.*

Die erste Deutung, die einem für diese Sequenz in den Sinn kam, wenn man dem Brunnen unbedingt eine wollüstige Aura verleihen wollte, war, daß unser Tischgenosse in einem Wald eine Liebesbeziehung mit einer Nonne gehabt hatte. Oder daß er ihr reichlich zu trinken angeboten hatte, da der Brunnen, wenn man ihn genau betrachtete, in einem Fäßchen über einer Weinkelter seinen Ursprung zu haben schien. Doch die schwermütige Starre auf dem Gesicht des Mannes schien ganz Überlegungen zugewandt zu sein, aus denen nicht nur die Fleischeslust, sondern auch die verzeihlichsten Tafel- und Kellerfreuden auszuschließen waren. Seine Gedanken muß-

ten ganz andere sein, obwohl doch sein weltliches Aussehen keinen Zweifel daran ließ, daß sie Irdischem und nicht Himmlischem galten. (Und so entfiel eine andere mögliche Deutung: den Brunnen zu einem Weihwasserbecken zu machen.)
Die wahrscheinlichste Hypothese, die mir einfiel (und ich glaube, nicht nur mir, sondern auch den anderen stummen Betrachtern), war, daß der Brunnen den Lebensborn darstellte, höchstes Ziel alchemistischen Suchens, und daß unser Tischgenosse zu eben jenen gelehrten Männern gehörte, die in Destillierkolben und Serpentinsteinen, in Brennkolben und Retorten, in Reverberieröfen und Sublimierzylindern (von der Art der komplizierten Ampulle, die seine königlich gewandete Figur in der Hand hielt) forschen und solcherart der Natur ihre Geheimnisse entreißen wollen, insbesondere das zur Umwandlung der Metalle.
Es war anzunehmen, daß er von frühester Jugend an (dies der Sinn des Konterfeis mit dem jünglinghaften Aussehen, das jedoch zugleich eine Anspielung auf das Lebenselexier sein konnte) keine andere Leidenschaft gehabt (doch der Brunnen blieb allemal ein Liebessymbol) als die Manipulation der Elemente und daß er Jahre hindurch darauf gewartet hatte, den gelben König der Mineralwelt aus dem Gebräu von Schwefel und Quecksilber sich lösen und nach und nach in matten Ablagerungen niederschlagen zu sehen, die sich allemal nur als elender Bleiabfall herausstellten, Bodensatz in einer grünlichschwarzen Pechschmiere. Und bei all dem Suchen hatte er sich schließlich um Rat und Hilfe an die Frauen gewandt, denen man bisweilen in den Wäldern begegnet,

bewandert in Zaubertrünken und Machenschaften, dem Hexenwerk und der Hellseherei verschrieben (wie diejenige, die er mit abergläubischer Ehrfurcht als *Die Päpstin* herzeigte).

Die nächste Karte, *Der Kaiser,* konnte jedenfalls mit einer Prophezeiung der Waldhexe zusammenhängen: »Du wirst der mächtigste Mann der Welt sein.«

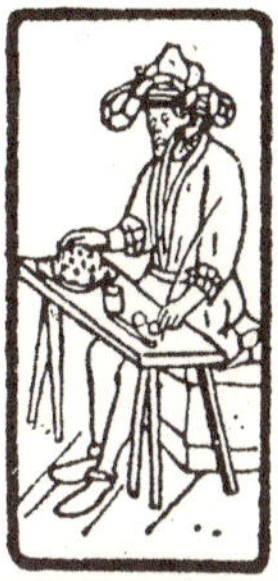

Was Wunder, wenn dies unserm Alchemisten zu Kopfe gestiegen war und er tagtäglich darauf wartete, daß sich sein Leben auf ungewöhnliche Weise verändern würde. Dieses Ereignis wurde wohl durch die folgende Karte bezeichnet: das enigmatische erste Arkanum, genannt *Pagat,* von einigen als Scharlatan oder Zauberer bei der Ausübung seines Handwerks angesehen.

Also, wie unser Held von seinem Tisch aufblickte, sah er einen Zauberer vor sich sitzen, der mit seinen Destillierkolben und Retorten hantierte.

»Wer seid Ihr? Und was tut Ihr hier?«

»Sieh nur, was ich tue«, erwiderte der Magier und zeigte auf einen Glaskolben über einer Flamme.

Der entrückte Blick unseres Tischgenossen, als er die *Münzen-Sieben* abwarf, ließ keinen Zweifel an dem, was er gesehen hatte: den Glanz aller Schätze des Orients, die sich vor ihm auftaten.

»Kannst du mir das Geheimnis des Goldes verraten?« muß er den Gaukler gefragt haben.

Die nächste Karte war die *Münzen-Zwei,* Zeichen für einen Austausch – so mußte man denken – für einen An- und Verkauf, ein Tauschgeschäft eben.

»Ich verkauf es dir!« hatte wohl der unbekannte Besucher geantwortet. – »Was willst du dafür haben?«

Die Antwort, die wir alle ahnten, lautete: »Die

Seele!«, doch waren wir nicht so ganz sicher, bis der Erzähler die neue Karte aufdeckte (er schob dies ein wenig hinaus und begann, eine andere Reihe in umgekehrter Richtung anzulegen), und es war *Der Teufel,* also hatte er in dem Scharlatan den alten Fürsten jeder Verquickung und Zwiespältigkeit erkannt – wie auch wir jetzt in unserm Tischgenossen den Doktor Faust erkannten.

»Die Seele!« hatte also Mephisto geantwortet: ein Begriff, der nicht anders als in Gestalt der Psyche darzustellen ist, junges Mädchen, das mit seinem Licht die Finsternis erleuchtet, wie man es beim Arkanum *Der Stern* zu Gesicht bekommt. Die *Pokal-Fünf,* die uns anschließend gezeigt wurde, konnte man als alchemistisches Geheimnis deuten, das der Teufel dem Faustus offenbarte, oder als Zutrunk zur Besiegelung des Paktes oder auch als Glocken, die mit ihrem Geläut den höllischen Besucher in die Flucht schlugen. Doch wir konnten sie auch als eine Abhandlung über die Seele und über den Körper als Gefäß der Seele verstehen. (Ein Pokal von den fünfen war liegend wiedergegeben, als wäre er leer.)

»Seele?« konnte unser Faust erwidert haben. »Und wenn ich nun keine Seele hätte?«

Aber vielleicht machte sich Mephisto um einer einzigen Seele willen gar nicht die Mühe. »Mit dem Golde wirst du eine Stadt bauen«, sprach er zu Faust. »Die Seele der ganzen Stadt will ich dafür haben.«

»Das Geschäft ist gemacht.«

Und da konnte der Teufel sehr wohl mit einem Feixen verschwinden, das sich wie ein Geheul anhörte: als alter Bewohner von Glockentürmen und daran gewohnt, auf einer Regentraufe hockend, über die Weite der Dächer zu schauen, wußte er, daß die Städte leibhaftigere und dauerhaftere Seelen haben als alle Einwohner zusammen.

Jetzt war noch *Das Glücksrad* zu interpretieren, eines der kompliziertesten Bilder des ganzen Tarockspiels. Es konnte ganz einfach bedeuten, daß sich das Glück auf Faustens Seite gedreht hatte, aber dies schien eine zu einfache Erklärung in Anbetracht der stets elliptischen, andeutenden Erzählungsweise des Alchemisten. Hingegen durfte mit Fug angenommen werden, daß unser Doktor, nachdem er sich des teuflischen Geheimnisses bemächtigt, ein maßloses Projekt konzipiert hatte: alles Wandelbare in Gold zu verwandeln. Dann wäre das Rad des zehnten Arkanums im Wortsinn das in Gang befindliche Räderwerk der Großen Goldmühle, der gigantische Mechanismus, der die Metropole zur Gänze aus Edelmetall errichtet hätte; und die menschlichen Gestalten verschiedenen Alters, die man das Rad antreiben oder sich mit ihm drehen sah, sie bedeuteten die Menschenmengen, die herbeigelaufen kamen, an dem Projekt mitzuarbeiten, die ihre Lebensjahre dazu verwendeten, das Räderwerk Tag und Nacht in Gang zu halten. Diese Deutung berücksichtigte zwar nicht alle Details der Miniatur (wie etwa die Tierohren und Schwänze, mit denen einige der kreisenden menschlichen Wesen geschmückt waren), doch bildete sie einen Ausgangspunkt, um die folgenden Pokal- und Münzenkarten als Reich des Überflusses zu erkennen, in dem die Einwohner der Goldenen Stadt schwammen. (Die aneinandergereihten gelben Scheiben wiesen vielleicht auf gleißende Kuppeln goldener Wolkenkratzer, die die Straßen der Metropole säumten.)

Doch wann würde der vereinbarte Preis von dem Vertragspartner mit dem Pferdefuß eingefordert werden? Schon lagen die beiden Schlußkarten der Geschichte auf dem Tisch, vom ersten Erzähler ausgelegt: die *Schwert-Zwei* und *Die Mäßigkeit.* An den Toren der Gold-Stadt hielten bewaffnete Wächter einen jeden zurück, der hineinwollte, um solcherart dem pferdefüßigen Steuereintreiber den Zutritt zu verwehren, in welcher Gestalt auch immer er sich zeigen würde. Selbst wenn ein so einfaches Mädchen herankam, wie auf der letzten Karte, riefen ihr die Wachen ein »Halt!« zu.

»Es ist unnötig, daß ihr eure Tore verschließt«, konnte man sich die Erwiderung der Wasserträgerin erwarten, »denn ich werde mich wohl hüten, eine Stadt zu betreten, die ganz aus festgefügtem Metall ist. Wir Bewohner des Flüssigen besuchen nur Elemente, die fließen und sich vermengen.«

War sie eine Wassernymphe? Eine Königin der Luftelfen? Ein Engel des flüssigen Feuers im Mittelpunkt der Erde?

(Beim *Glücksrad,* wenn man genau hinsah, waren die tierischen Metamorphosen vielleicht nur der erste Schritt einer Rückentwicklung des Menschlichen zum Pflanzlichen und Mineralischen.)

»Hast du Angst, daß unsere Seelen dem Teufel in die Hand fallen?«, so hätten wohl die von der Stadt gefragt.

»Nein: daß ihr keine Seele habt, die ihr ihm geben könntet.«

GESCHICHTE VON DER VERDAMMTEN BRAUT

Ich weiß nicht, wievielen von uns es halbwegs gelungen ist, die Geschichte zu entschlüsseln, ohne sich in all diesen Pokal- und Münzenzahlkarten zu verlieren, die immer dann auftauchten, wenn wir uns eine klare Tatsachenschilderung am dringlichsten gewünscht hätten. Die Mitteilsamkeit des Erzählers war recht spärlich, vielleicht weil sein Sinn mehr auf die Strenge der Abstraktion denn auf die Anschaulichkeit der Bilder gerichtet war. Jedenfalls verirrten sich einige von uns bei gewissen Kartenzusammenstellungen oder blieben stecken und kamen nicht mehr weiter.

Beispielsweise hatte einer von uns, ein Kriegsmann mit melancholischem Blick, einen *Schwertbuben* in die Hand genommen, der ihm sehr ähnelte, sowie eine *Stab-Sechs* und sie an die *Münzen-Sieben* und den *Stern* gelegt, als wollte er selbst eine senkrechte Reihe aufbauen.

Vielleicht bedeuteten für ihn, den Soldaten, der sich im Wald verirrt hatte, diese vom *Stern* gefolgten Karten ein Flimmern wie von Irrlichtern, die ihn in eine Lichtung inmitten der Bäume gelockt hatten, wo ihm ein junges Mädchen von sternenhafter Blässe erschienen war, das im Hemd und mit aufgelöstem Haar nächtens einherwandelte und ein brennendes Licht emporhielt.

Wie dem auch gewesen sein mag, er setzte seine

vertikale Reihe unbeirrt fort, legte zwei *Schwert*karten hin: eine *Sieben* und eine *Königin*, an und für sich ein schwer zu deutendes Nebeneinander, das vielleicht einige Dialogstellen der Art erfordert hätte:
»Ich flehe dich an, edler Ritter, entledige dich deiner Waffen und deiner Rüstung und laß mich dieselben anlegen!« (In der Miniatur trägt die *Schwertkönigin* eine Rüstung, die wie ein eisernes Unterkleid aus dem bestickten Rande der weißen Seidenärmel hervorschaut, komplett mit Armschienen, Armgelenken, Panzerhandschuhen.) »Meiner Sinne nicht fähig, versprach ich mich jemandem, vor dessen Umarmung mir nun graut und der heute nacht kommen und die Einlösung meines Wortes fordern wird! Ich fühle, daß er sich schon naht! Bin ich in Waffen, kann er mich nicht überwältigen! Ach, rette eine verfolgte Maid!«
Kein Zweifel, daß der Krieger augenblicklich zugestimmt hatte. Doch nachdem sie die Rüstung angelegt, siehe, da verwandelte sich das arme Ding in eine Turnier-Königin, produzierte sich, ward zum Kätzchen. Und ein Lächeln sinnlicher Freude erblühte in ihrem bleichen Gesicht.
Auch hier begann nun ein Hinblättern von Zahlkarten, aus denen schlau zu werden ein Problem war: eine *Stab-Zwei* (Hinweis auf eine Weggabelung, eine Wahl?), eine *Münzen-Acht* (ein verborgener Schatz?), eine *Pokal-Sechs* (ein Liebesmahl?).
»Deine Freundlichkeit verdient einen Preis«, mußte die Waldfrau gesagt haben. »Wähle die Belohnung, die dir lieber ist: ich kann dir Reichtum geben oder ...«
»Oder?« – »... ich kann mich dir geben.«
Die Hand des Kriegers schlug auf die Pokalkarte: er hatte die Liebe gewählt.

Für den Weitergang der Erzählung mußten wir unsere Vorstellungskraft bemühen: er war schon nackt, sie lockerte die soeben angelegte Rüstung, und zwischen den Bronzeplatten gelangte unser Held zu einer runden und straffen und zarten Brust, zwängte sich zwischen die eiserne Schenkelschiene und den lauwarmen Schenkel...

Er war von zurückhaltender und schamhafter Wesensart, der Soldat, und verbreitete sich nicht in Einzelheiten: alles, was er uns zu sagen hatte, war, daß er mit einer Gebärde des Seufzens neben die *Pokal*karte eine vergoldete *Münzen*karte legte, als wollte er damit kundtun: »Mir war, als käm ich ins Paradies...«

Die Figur, die er dann ablegte, bestätigte das Bild von der Schwelle des Paradieses, machte aber gleichzeitig seiner wollüstigen Hingabe ein jähes Ende: ein *Papst* mit strengem weißem Bart, er war wie der erste der Pontifizes, nunmehr Wächter der Himmelspforte.

»Wer redet vom Paradies?« Hoch oben über dem Wald war mitten im Himmel Sankt Petrus auf dem Thron erschienen und donnerte: »Für diese ist unser Tor auf immer und ewig verschlossen!«

Die Art und Weise, wie der Erzähler mit einer schnellen Bewegung eine neue Karte ablegte, sie dabei aber verdeckend und sich mit der anderen Hand die Augen abschirmend, machte uns auf eine Offenbarung gefaßt: die ihm zuteil geworden, als er seinen Blick von der drohenden Himmelspforte gesenkt und wieder auf die Dame gerichtet hatte, in deren Armen er lag, und dann sehen mußte, daß die Brünne nicht mehr das Gesicht eines Turteltäubchens umrahmte, schelmische Grübchen und Stupsnäschen, sondern eine Sperre von Zähnen ohne Zahnfleisch und Lippen,

zwei in den Knochen gehöhlte Nasenlöcher und die gelben Wangenbeine eines Totenschädels, und vermengt mit seinen eignen Gliedmaßen die verdorrten Gebeine einer Leiche gespürt hatte.
Die grausige Erscheinung des dreizehnten Arkanums (die Beschriftung *Der Tod* erscheint in den Kartenspielen gar nicht, wo doch alle großen Arkana ihre Namen geschrieben tragen) hatte uns alle wieder mit Spannung auf den Ausgang der Geschichte erfüllt. Die *Schwert-Zehn*, die nun kam, war sie die Barriere der Erzengel, die der verdammten Seele den Zugang zum Himmel verwehrten? Die *Stab-Fünf*, vermeldete sie ein Schreiten durch den Wald?
Jetzt verband sich die Kartenreihe mit dem *Teufel*, der vom vorigen Erzähler bereits hierhergelegt worden war.
Ich brauchte nicht lange herumzurätseln, um zu begreifen, daß aus dem Walde der von der verstorbenen Verlobten so gefürchtete Bräutigam gekommen war: Beelzebub höchstselbst, der sie mit dem Rufe »Jetzt hast du aufgehört, meine Schöne, die Karten zu vertauschen! Für mich sind alle deine Waffen und Panzerungen *(Schwert-Vier)* keine zwei Groschen *(Münzen-Zwei)* wert!« schnurstracks unter die Erde holte.

GESCHICHTE VON EINEM GRABSCHÄNDER

Der kalte Schweiß auf meinem Rücken war noch nicht trocken, da mußte ich schon wieder alle Anstrengungen machen, um einem andern Tischgenossen zu folgen, dem das Quadrat *Tod, Papst, Münzen-Acht, Stab-Zwei* ganz andere Erinnerungen wachzurufen schien, was daran zu erkennen war, wie er es mit seinem Blick umkreiste und seinen Kopf schief hielt, als wüßte er nicht recht, von welcher Seite da hineinkommen. Als er den *Münzenbuben* an den Rand legte, Figur, bei der man ohne weiteres seine eigene dreiste, herausfordernde Art bemerken konnte, wurde mir klar, daß auch er, von dieser Stelle aus, etwas erzählen wollte und daß dies seine Geschichte war.

Aber was hatte dieser unbekümmerte junge Mensch nur mit dem durch das dreizehnte Arkanum heraufbeschworenen makabren Reich der Gebeine zu tun? Er war gewiß nicht der Typ, meditierend durch Friedhöfe zu wandeln, oder es hatte ihn ein ruchloser Vorsatz dorthingezogen: etwa die Gräber aufzubrechen und den Toten die Wertsachen zu rauben, die sie vielleicht unbedacht auf ihre letzte Reise mitgenommen...

Meistens sind es die Großen dieser Welt, die mit den Attributen ihrer Herrschaft begraben werden, mit güldenen Kronen, Ringen, Zeptern, Gewändern aus glitzernden Metallplättchen. War dieser junge Mann vielleicht ein Grabräuber, so mußte er auf den

Friedhöfen die vornehmsten Gräber gesucht haben, beispielsweise das Grab eines *Papstes,* dieweil die Pontifizes mit allem Glanz ihrer Ausstattung ins Grab steigen. In einer mondlosen Nacht mußte der Räuber die schwere Platte mit *Zwei Stäben* hochgestemmt und sich ins Grab hinuntergelassen haben.

Und danach? Der Erzähler legte ein *Stab-As* hin und machte eine Bewegung des Aufsteigens, als wüchse etwas in die Höhe: für einen Augenblick meinte ich, mich in meiner Auslegung völlig getäuscht zu haben, so sehr schien mir diese Gestik im Widerspruch zu sein mit dem Hinuntertauchen des Diebes in die päpstliche Gruft. Aber man konnte auch annehmen, aus dem eben erst geöffneten Grab wäre ein gerader, sehr hoher Baumstamm gewachsen und der Dieb wäre hinaufgeklettert oder hätte sich immer höher, bis in die Zweige des dichtbelaubten Wipfels hinaufbefördert gesehen.

Mag jener ein Galgenstrick gewesen sein, so ließ er es zum Glück doch nicht dabei bewenden, nur eine Tarockkarte an die andere zu legen (er machte weiter mit paarweise zusammengefügten Karten in doppelter horizontaler Reihe von links nach rechts), sondern half seiner Erzählung auch mit wohldosierten Gesten nach und machte es uns damit ein bißchen leichter. Auf diese Weise konnte ich verstehen, daß er mit der *Pokal-Zehn* den Blick von oben auf den Friedhof meinte, wie er ihn von der Spitze eines Baumes gehabt hatte, mit allen längs der Wege auf ihren Sockeln aufgereihten Grabmälern. Während er mit dem Arkanum *Der Engel* oder *Das Gericht* (wo die Engel am Himmlischen Thron das Wecken blasen, welches die Gräber aufgehen läßt) wohl nur betonen wollte, daß er

die Gräber von oben betrachtete wie die Himmelsbewohner am Jüngsten Tag.
Auf der Spitze des Baumes, zu der unser Mann wie ein Lausbub hinaufgeklettert war, gelangte er an eine schwebende Stadt. Solcherart glaubte ich *Die Welt* auslegen zu sollen, das größte Arkanum, das in diesem Tarockspiel eine auf Wellen oder Wolken schwebende und von zwei geflügelten Putten gehaltene Stadt zeigt. Es war dies eine Stadt, deren Dächer an das Himmelsgewölbe rührten wie einst *Der Turm* zu Babel, den uns gleich darauf ein anderes Arkanum wies.
»Wer in den Abgrund des Todes niederfährt und den Baum des Lebens emporsteigt«, mit diesen Worten, dachte ich, wurde der unfreiwillige Pilger empfangen, »kommt in die Stadt des Möglichen, von der aus man das Ganze betrachtet und jegliche Wahl trifft.«
Hier nun half uns die Mimik des Erzählers nicht mehr weiter, und es mußten Vermutungen angestellt werden. Vorstellbar war, daß unser Übeltäter, sobald er die Stadt des Ganzen und der Teile betreten hatte, sich wie folgt anreden hörte:
»Willst du Reichtum *(Münzen)*, Stärke *(Schwerter)* oder Weisheit *(Pokale)*? Wähle augenblicklich!«
Ein gewappneter und strahlender Erzengel *(Schwertreiter)* war's, der ihn so fragte, und unser Mann rief rasch: »Den Reichtum *(Münzen)* wähle ich!«
»*Stäbe* bekommst du!« war des berittenen Erzengels Erwiderung, während Stadt und Baum sich in Rauch verflüchtigten und der Räuber auf zusammenkrachende Äste im Walde herunterstürzte.

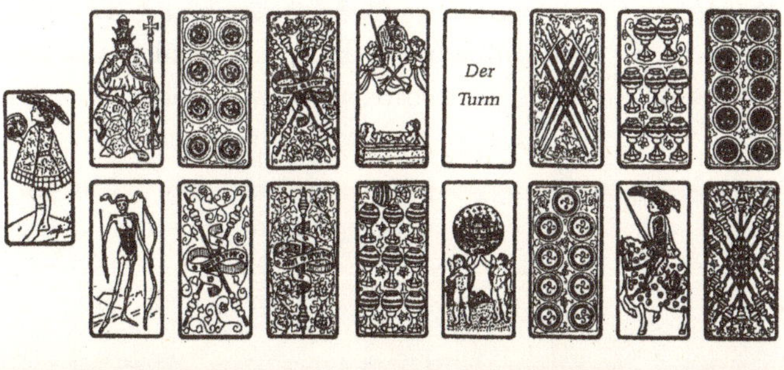

GESCHICHTE VOM LIEBESTOLLEN ROLAND

Die auf dem Tisch aneinandergelegten Tarockkarten bildeten jetzt ein nach außen hin völlig geschlossenes Quadrat mit einem noch leeren Fenster in der Mitte. Über dieses beugte sich ein Tischgenosse, der bis jetzt wie benommen und verlorenen Blicks dagesessen war. Ein hünenhafter Krieger; die Arme bewegte er, als wären sie aus Blei, und den Kopf drehte er so langsam, als hätte ihm die Last der Gedanken das Genick beschädigt. Gewiß hatte dieser Hauptmann, der noch vor nicht langer Zeit ein gewaltiger Kriegsheld gewesen sein mußte, einen schweren Kummer zu ertragen.

Die Figur des *Schwertkönigs*, Versuch, mit einem einzigen Konterfei die kriegerische Vergangenheit wie die wehmütige Gegenwart wiederzugeben, wurde von ihm an den linken Rand des Quadrats auf die Höhe der *Schwert-Zehn* gelegt. Und gleich waren unsere Augen wie geblendet vom dichten Kampfesstaub, wir hörten die Drommeten, schon brachen die Lanzen in Stücke, schon stießen die Pferdemäuler aufeinander und vermischten ihren regenbogenfarbenen Schaum, schon schlugen die Schwerter sei's mit der Schneide sei's mit der Fläche sei's auf die Schneide sei's auf die Fläche anderer Schwerter, und wo ein Haufe lebender Feinde in die Sättel sprang und beim Herunterkommen nicht mehr die Pferde, sondern das Grab vor sich fand, dort mittendrin war Roland, der Paladin, der seine Durendarte im Wirbel schwang. Wir hatten ihn erkannt, er war es, der uns seine Geschichte unter Qual und Stocken erzählte, den eisernen Finger auf eine jede Karte gedrückt.

Nun deutete er auf die *Schwertkönigin.* In der Gestalt dieser blonden Frau, die inmitten all der scharfen Schneiden und eisernen Harnische das unergründliche Lächeln eines Spiels der Sinnlichkeit zeigt, erkannten wir Angelika, die aus Kathai zum Ruin der Frankenheere eingetroffene Zauberin, und wußten, daß Graf Roland noch in sie verliebt war.

Nach ihr gähnte die Leere. Roland legte eine Karte dahin: die *Stab-Zehn.* Wir sahen, wie der Wald sich dem Vordringen des Helden widerstrebend öffnete, die Nadeln der Fichten sich sträubten wie die Spitzen eines Stachelschweins, die Eichen die muskulöse Brust ihrer Stämme weiteten, die Buchen ihre Wurzeln aus dem Boden heraustreten ließen, ihm den Weg zu verhindern. Der ganze Wald schien zu rufen: »Geh nicht! Warum verläßt du die metallenen Schlachtfelder, Reich der Diskontinuität und Unterscheidung, die dir maßgerechten Gemetzel, wo sich dein Talent des Zerlegens und Ausschließens hervortut, und wagst dich in die grüne schleimige Natur, in die Windungen lebender Kontinuität? Der Liebeswald, Roland, ist kein Ort für dich! Du verfolgst einen Feind, vor dessen Nachstellungen kein Schild dich schützen kann. Vergiß Angelika! Kehre um!«

Doch es stand fest, daß Roland auf diese Warnungen nicht hörte und sich nur mit einer einzigen Vision abgab: der auf dem siebenten Arkanum dargestellten, die er nun auf den Tisch legte, also dem *Wagen.* Der Künstler, der mit leuchtenden Farben die Miniaturen

unserer Tarockkarten gefertigt, hatte als *Wagen*lenker keinen König gemalt, wie man ihn auf den gewöhnlicheren Karten stets sehen kann, sondern eine Frau im Gewande einer Zauberin oder einer Herrscherin des Orients, die zwei geflügelte Schimmel am Zügel führt. So stellte sich Rolands wirre Phantasie Angelikas zauberischen Weg durch den Wald vor, es war eine Fährte fliegender Hufe, die er verfolgte, leichter als Schmetterlingsfüße, ein Staub von Gold auf den Blättern, wie ihn gewisse Schmetterlinge hinterlassen, war die Spur, die ihn durch die Verschlungenheit führte.

Unglückseliger! Er wußte noch nicht, daß indessen im dickesten Dickicht eine zarte und glühende Liebesumarmung Angelika und Medoro vereinte. Das Arkanum *Liebe* mit all dem sehnsüchtigen Verlangen, das unser Miniaturmaler in den Blick der beiden Verliebten hineinzulegen gewußt hatte, war vonnöten, es ihn erkennen zu lassen. (Wir begannen zu begreifen, daß dieser Roland mit seinen Eisenhänden und seiner Verträumtheit von vorneherein die besten Tarockkarten aus dem Spiel bei sich behalten und die andern Tischgenossen mit ihrem Hinblättern von Pokalen und Stäben, Gold und Schwertern ihre Erlebnisse hatte radebrechen lassen.)

Die Wahrheit machte sich Platz in Rolands Sinn: im feuchten Grunde des weiblichen Waldes gibt es einen Eros-Tempel, wo andere Werte gelten als diejenigen, die seine Durendarte schafft. Angelikas Favorit war keiner der berühmten Anführer, sondern ein Milchbart aus dem Gefolge, rank und gefallsüchtig wie ein junges Mädchen; sein vergrößertes Konterfei erschien auf der nächsten Karte: *Stabbube*.

Wohin waren die Liebenden geflohen? Wohin auch immer sie geeilt sein mochten, allzu fein und flüchtig war die Substanz, aus der sie beschaffen, um den klotzigen Eisenhänden des Paladins eine Griffigkeit zu bieten. Als Roland am Scheitern seiner Hoffnungen keinen Zweifel mehr hatte, machte er ein paar unkontrollierte Bewegungen – Schwert ziehen, Sporen geben, Bein im Bügel durchstrecken – und dann ging in ihm etwas entzwei, zerknallte, brannte durch, schmolz, und augenblicklich verlosch das Licht seiner Vernunft und er blieb im Dunkel.

Jetzt berührte die durchs Quadrat gezogene Kartenbrücke die andere Seite auf der Höhe der *Sonne.* Ein Amorputto flog mit Rolands Verstandeslicht auf und davon, hoch über Frankreichs von den Ungläubigen umfochtene Erde hinweg aufs Meer, das sarazenische Galeeren ungestraft durchqueren werden, dieweil der Christenheit robustester Held in der Finsternis des Wahnsinns liegt.

Die Kraft beschloß die Reihe. Ich machte die Augen zu. Der Anblick dieses Kleinods der Ritterschaft, verwandelt in eine blinde tellurische Explosion gleich einem Wirbelsturm oder einem Erdbeben, überstieg meine Kräfte. Wie einst die mohammedanischen Heerscharen durch Durendarte niedergemäht wurden, so streckte jetzt das Wirbeln seiner Keule die wilden Tiere nieder, die in den Wirren der Invasionen auf die Küstengebiete der Provence und Kataloniens übergewechselt waren; ein Mantel aus rotblonden, gescheckten und gefleckten Bälgen wilder Tiere wird die Felder überziehen, die zur Wüste geworden sind, wo er vorübergegangen: nicht der umsichtige Löwe noch der langgestreckte Tiger noch der flüchtige Leopard

werden dies Massaker überleben. Nachher wird es den Elefanten, das Rhinozeros und das Nil- oder Flußpferd treffen: über das schwielige, ausgedorrte Europa breitet sich eine immer höher werdende Schicht aus Dickhäuterleder.

Der eisern trotzige Finger des Erzählers ging in die nächste Zeile, das heißt, er machte sich daran, von links nach rechts die Reihe darunter zusammenzusetzen. Ich sah (und hörte) das Krachen der Eichenstämme, die von dem Wahnsinnigen auf der *Stab-Fünf* entwurzelt wurden, bedauerte die Tatenlosigkeit von Durendarte, die auf der *Schwert-Sieben* an einen Baum gehängt und vergessen ward, bejammerte den Verschleiß an Energie und Hab und Gut auf der *Münzen-Fünf* (die zweckentsprechend in das leere Feld gefügt wurde).

Die Karte, die er nun mittenhinein legte, war *Der Mond.* Ein kalter Widerschein leuchtet über der dunklen Erde. Eine Nymphe von blödem Aussehen reckt die Hand zur vergoldeten Himmelssichel, als spielte sie Harfe. Wahr ist, daß die Saite abgerissen an ihrem Bogen hängt: der Mond ist ein besiegter Planet und die Eroberin Erde ist eine Gefangene des Mondes. Roland durchrast eine lunarische Erde.

Die Karte des *Narren,* die uns gleich darauf gezeigt wurde, war in dieser Hinsicht mehr als beredt. Roland, der indessen sein größtes Quantum Grimm losgeworden, hatte sich, die Keule wie eine Angelrute über der Schulter, verhärmt wie ein Totenschädel, zerlumpt und ohne Hosen und den Kopf mit Federn bedeckt (in seinem Haar war alles mögliche hängengeblieben, Drosselfedern, bestachelte Kastanienschalen, Mäusedorn und Läusekraut, Würmer, die an dem erloschenen Hirn saugten, Pilze, Moose, Galläpfel, Blütenblätter), hinabbegeben ins chaotische Herz der Dinge, in den Mittelpunkt des Tarockquadrats und der Welt, zum Schnittpunkt aller denkbaren Ordnungen.

Seine Vernunft? Die *Pokal-Drei* rief uns in den Sinn, daß sie sich in einer Ampulle befand, deponiert im Tal der Verlorenen Vernünfte; da aber die Karte einen umgestürzten Becher zwischen zwei aufrechten darstellte, war anzunehmen, daß sie sich nicht einmal an jenem Lagerplatz erhalten hatte.

Da befanden sich nun die beiden letzten Karten der Reihe auf dem Tisch. Die erste war *Die Gerechtigkeit*, der wir bereits begegnet sind, mit dem Wahrzeichen des anreitenden Kriegers über ihr. Ein Hinweis darauf, daß die Ritter aus der Heerschar Karl des Großen ihres Helden Spur verfolgten, über ihn wachten, nicht verzichten wollten, sein Schwert in den Dienst von Vernunft und Gerechtigkeit zurückzuholen. War sie also das Bildnis der Vernunft, diese blonde Richterin mit Schwert und Waage, mit der er schließlich und endlich doch zu rechnen hatte? War sie der Erzählung Vernunft, die sich unter der zufälligen Fügung der verstreuten Tarockkarten verbirgt? Hatte es zu bedeuten, daß, und mag er noch so herumirren, doch einmal der Augenblick kommt, wo man ihn fängt und bindet, ihn, den Roland, und ihm seinen verschmähten Verstand wieder in den Hals zurückjagt?
Auf der letzten Karte sieht man den Paladin kopfunten gefesselt wie den *Gehenkten*. Und da nun ist sein Antlitz heiter und licht geworden, sein Auge so klar wie nicht einmal bei den Einsätzen seiner vergangenen Vernunft. Was er sagt? Er meint: »Laßt mich so.

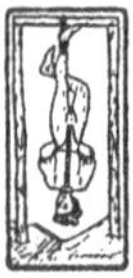

Ich habe die ganze Runde gemacht und habe begriffen. Die Welt muß man umgekehrt lesen. Alles ist klar.«

GESCHICHTE VON ASTOLF AUF DEM MONDE

Über Rolands Verstand hätte ich gern noch weitere Zeugnisse zusammengetragen, insbesondere mit der Hilfe dessen, der sich seine Auffindung zur Pflicht, zur Probe für seinen erfinderischen Mut erkoren hatte. Ich hätte gewollt, Astolf wäre hier unter uns. Inmitten der Tischgenossen, die noch nichts von sich gegeben hatten, befand sich einer, leicht wie ein Jockei oder Irrwisch, der ab und an zappelnd und gicksend hochschnellte, als bereitete ihm seine und unsere Stummheit ein unendliches Vergnügen. Wie ich ihn mir näher ansah, merkte ich, daß er eigentlich sehr wohl der englische Ritter sein könnte, und forderte ihn ausdrücklich zum Erzählen auf, indem ich ihm die Kartenfigur reichte, die ihm am ähnlichsten schien: das heitere Aufbäumen des *Stabreiters.* Dieser lächelnde kleine Kerl streckte die Hand aus, aber statt die Karte zu ergreifen, ließ er sie mit einem Schnippen des Zeigefingers über den Daumen in die Luft fliegen. Sie segelte wie ein Blatt im Wind und fiel, unten am Quadrat, auf den Tisch.

Jetzt waren im Zentrum des Mosaiks keine Fenster mehr offen; und nur wenige Karten befanden sich noch außerhalb des Spiels.

Der englische Ritter nahm ein *Schwert-As* (ich erkannte Rolands Durendarte, die tatenlos an einem Baum hängengeblieben war...) und näherte es der Stelle, wo *Der Kaiser* war (wiedergegeben mit dem

weißen Bart und der erblühten Weisheit Karl des Großen auf seinem Throne ...), als schickte er sich an, mit seiner Geschichte eine senkrechte Reihe hinanzusteigen: *Schwert-As, Kaiser, Pokal-Neun* ... (Weil sich Rolands Abwesenheit vom Frankenlager in die Länge zog, wurde Astolf zu König Karl gerufen und an seine Tafel geladen ...) Dann kam *Der Narr*, halb zerlumpt und halb nackt mit Federn auf dem Kopf, und *Die Liebe*, geflügelter Gott Amor, der von seinem gewundenen Sockel die Schmachtenden mit Pfeilen bewirft. (»Du, Astolf, weißt sicherlich, daß der Fürst Unserer Paladine, Unser Neffe Roland, des Lichtes verlustig gegangen ist, das den Menschen und die weisen Tiere von verrückten Tieren und Menschen unterscheidet, er jetzt umnachtet durch die Wälder rast und, mit Vogelfedern bedeckt, nur auf Vogelgezwitscher antwortet, als verstünde er sonst keine Sprache. Und weniger Übel wär's, hätte ihn ein falscher Eifer christlicher Bußfertigkeit in diesen Zustand gebracht, in diese Selbsterniedrigung, die Kasteiung des Leibes und die Bestrafung hochfahrenden Sinnes, denn in solchem Fall könnte der Schaden durch einen geistigen Gewinn in etwa ausgeglichen werden oder wäre immerhin etwas, ich sage ja nicht, worauf wir stolz sein, das wir aber doch ohne Scham obgleich mit ein wenig Kopfschütteln erzählen könnten, aber das Übel ist hier, daß ihn Eros in diesen Wahnsinn getrieben hat, der heidnische Gott, der um so mehr verwüstet, je mehr man ihn unterdrückt ...«)
Die Reihe setzte sich fort mit der *Welt*, wo man eine durch eine Ringmauer befestigte Stadt erkennt – Paris im Ring seiner Bollwerke, seit Monaten von der sarazenischen Belagerung bedrängt – und mit dem

Turm, der mit Wahrheitsähnlichkeit das Hinabstürzen der Leichen von den Zinnen bei Güssen kochenden Öls und bei tätigen Belagerungsmaschinen wiedergibt; also beschrieb er die militärische Lage (vielleicht mit Karl des Großen eigenen Worten: »Der Feind dräut vor dem Mont-Martre und dem Mont-Parnasse, öffnet Breschen in Ménilmontant und Montreuil, legt Brände an der Porte Dauphine und der Porte des Lilas ...«), zu der nur noch eine letzte Karte fehlte, die *Schwert-Neun,* um mit einem Schimmer von Hoffnung abzuschließen (wie auch des Kaisers Rede keinen anderen Abschluß haben konnte als diesen: »Nur Unser Neffe wäre imstande, uns bei einem Ausfall anzuführen, der den Kreis aus Eisen und Feuer durchstößt... Geh, Astolf, suche Rolands Verstand, wohin auch immer er sich verirrt haben mag, und bring ihn zurück: er ist Unsere einzige Rettung. Eile! Fliege!«).

Was sollte Astolf tun? Er hatte noch eine gute Karte in der Hand: das Arkanum genannt *Der Einsiedler,* hier als buckliger Alter mit dem Stundenglas in der Hand wiedergegeben, ein Wahrsager, der die nicht umkehrbare Zeit umkehrt und vor dem Vorher das Nachher sieht. Dieser Weise oder Merlinmagier ist es also, an den sich Astolf wendet, um zu hören, wo er Rolands Verstand wiederfinden kann. Der Eremit liest die rinnenden Sandkörnchen im Stundenglas, und ebenso schickten wir uns an, gleich links die zweite Reihe der Geschichte von oben nach unten zu lesen: *Gericht, Pokal-Zehn, Wagen, Mond ...*

»Du mußt in den Himmel auffahren, Astolf« (das Englische Arkanum des *Gerichts* deutete auf eine übermenschliche Himmelfahrt), »hinauf zu den blei-

chen Gefilden des Monds, wo ein unermeßliches Lager aufgereihte Ampullen enthält« (wie auf der *Pokal*karte), »Geschichten, die Menschen nicht erleben, Gedanken, die einmal an die Pforte des Bewußtseins klopfen und auf immer entschwinden, im Spiel der Kombinationen verworfene Partikeln des Möglichen, Lösungen, zu denen man kommen könnte und doch nicht kommt...«

Um auf den Mond zu gelangen (das Arkanum *Der Wagen* gab uns davon überflüssige, doch dichterische Kunde), bedient man sich herkömmlicherweise der hybriden Geschlechter geflügelter Pferde oder Pegasi oder Hippogryphen; Feen halten sie in vergoldeten Ställen und gewöhnen sie an Zwei- und Dreigespanne. Astolf besaß seinen Hippogryphen und stieg in den Sattel. Und ritt in den Himmel hinein. Der zunehmende Mond kam ihm entgegen. Er landete im Gleitflug. (Auf der Tarockkarte war *Der Mond* mit mehr Lieblichkeit gemalt, als in Mittsommernächten ländliche Darsteller ihn im Drama von Pyramus und Thisbe darstellen mögen, doch mit ebenso einfachen Mitteln der Allegorie...)

Anschließend kam *Das Glücksrad* genau da, wo wir uns von der Welt des Mondes eine detailliertere Darstellung erwartet hätten, ein Schwelgen in den alten Phantasien einer verkehrten Welt, wo der Esel König und der Mensch Vierbeiner ist, wo die Kinder die Alten regieren, die Nachtwandlerinnen das Steuer halten, die Bewohner wie die Eichhörnchen in der Drehtrommel herumwirbeln, und was noch die Vorstellungskraft an Paradoxa auseinandernehmen und zusammensetzen kann.

Astolf war aufgestiegen, um die Ratio in der Welt des

Ungereimten zu suchen, er selber Ritter der Ungereimtheit. Welche Einsicht von diesem Mond des Poetendeliriums als Verhaltensnorm für die Erde beziehen? Der Ritter machte den Versuch, diese Frage dem ersten Mondbewohner zu stellen, den er traf: dem auf dem ersten Arkanum Dargestellten, dem *Pagat*, dessen Name und Bildnis von umstrittener Auslegung ist, der aber hier – wegen des Tintenfasses, das er in der Hand hält, als wäre er am Schreiben – auch als Dichter verstanden werden kann.

Auf den weißen Mondgefilden trifft Astolf den Dichter, der damit beschäftigt ist, in sein Webwerk den Rhythmus der Stanzen, die Fäden der Handlungen, Gründe und Nichtgründe einzubringen. ›Wenn jener mitten auf dem Monde wohnt – oder wie von seinem innersten Kern von ihm bewohnt wird – kann er uns sagen, ob es stimmt, daß er das Universal-Reimlexikon der Worte und Dinge enthält, ob er die Welt voller Sinn, Gegenteil der sinnlosen Erde ist.‹

»Nein, der Mond ist eine Wüstenei«, lautete die Antwort des Dichters, der letzten auf den Tisch gekommenen Karte zufolge: kahle Rundung des *Münzen-Asses*, »von dieser wüsten Sphäre geht jede Rede und jedes Gedicht aus; und jede Reise durch Wälder, Kämpfe, Schätze, Bankette, Alkoven führt uns wieder hierher in den Mittelpunkt eines leeren Horizonts.«

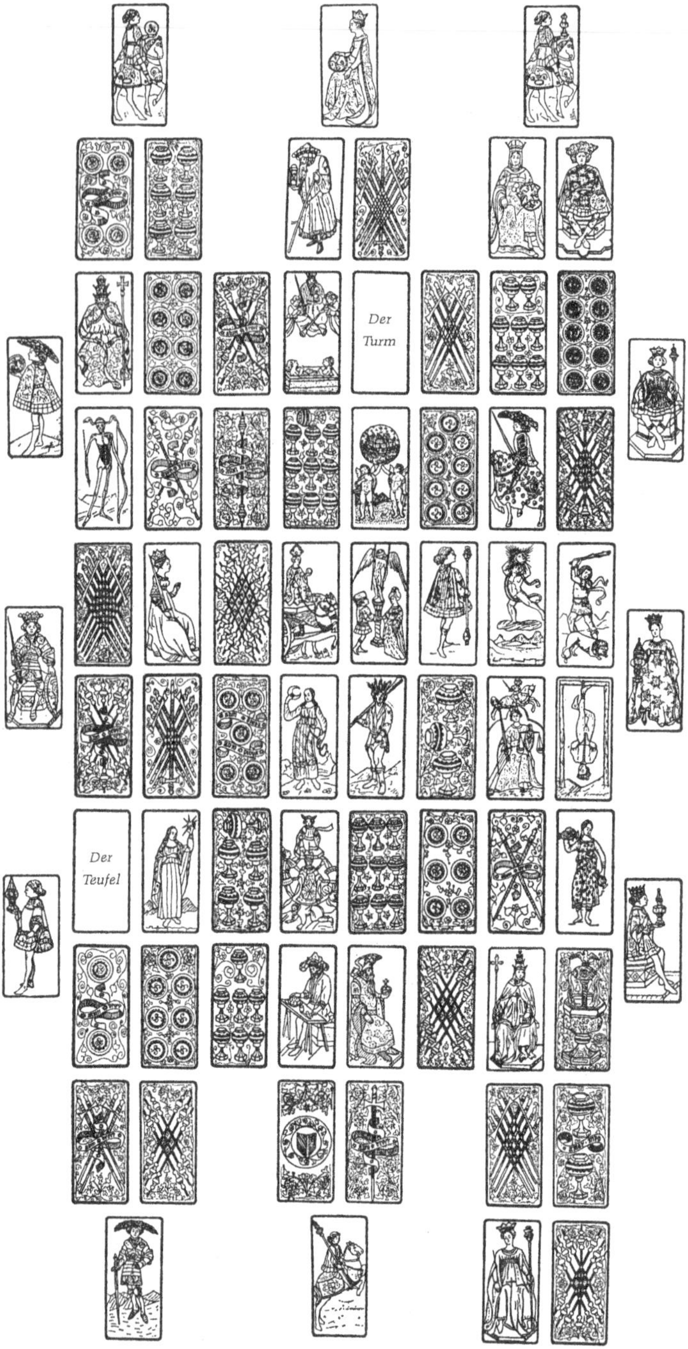
Der Turm
Der Teufel

DIE ANDEREN GESCHICHTEN ALLE

Jetzt ist das Quadrat ganz mit Tarocks und Erzählungen ausgelegt. Die Karten des Spiels sind alle auf den Tisch geblättert. Und meine Geschichte ist nicht mit dabei? Ich kann sie unter all den anderen nicht herausfinden, so dicht ist ihre simultane Verknüpfung. Tatsächlich hat mich die Aufgabe, eine Geschichte nach der anderen zu entschlüsseln, bislang die so besondere Eigenart unserer Erzählungsweise übersehen lassen, daß nämlich eine jede Erzählung einer anderen entgegenläuft und, während ein Tischgenosse seine eigene Reihe voranbringt, ein anderer vom andern Ende her in umgekehrter Richtung vorgeht, weil die von links oder rechts oder unten oder oben her erzählten Geschichten ebenso von rechts nach links oder von oben nach unten beziehungsweise umgekehrt gelesen werden können und man sich vergegenwärtigen muß, daß dieselben Karten, wenn sie sich in anderer Reihenfolge darbieten, oft ihre Bedeutung ändern und derselbe Tarock zur gleichen Zeit verschiedenen Erzählern dient, die von den vier Kardinalpunkten herkommen.

So legte bereits, während Astolf sein Abenteuer zu erzählen begann, eine unserer hübschesten Damen, die sich mit der *Münzenkönigin* Profil einer liebenden Frau vorstellte, schon am Ziel dessen Weges den *Eremiten* und die *Schwert-Neun* an, weil solcherart ihre Geschichte begann, mit ihr selbst, die sich an einen Hellseher wandte, um zu erfahren, welchen

Ausgang jener Krieg nehmen würde, der sie seit Jahren in einer ihr fremden, belagerten Stadt festhielt, und *Das Gericht* und *Der Turm* brachten ihr Kunde, daß die Götter schon lange den Fall Trojas beschlossen hatten. Tatsächlich wurde jene befestigte belagerte Stadt *(Die Welt)*, die in Astolfs Erzählung das von den Mauren begehrte Paris war, von ihr, die doch wohl erste Ursache zu diesem langen Krieg gewesen sein mußte, als Troja betrachtet. Demnach waren hier die von Liedern und Leierngeklimper widerhallenden Gelage *(Pokal-Zehn)* diejenigen, die von den Achäern für den ersehnten Tag der Erstürmung bereitet wurden.

Gleichzeitig aber bewegte sich in ihrer eigenen Geschichte eine andere *Königin* (die hilfreiche *Pokalkönigin*) derjenigen Rolands auf deren selbem Verlauf entgegen und begann mit der *Kraft* und dem *Gehenkten.* Das heißt, diese Königin betrachtete einen wilden Räuber (so war er ihr zumindest beschrieben worden), den man an ein Marterinstrument unter der *Sonne* auf einen Urteilsspruch der *Gerechtigkeit* hin gehenkt hatte. Er tat ihr leid, sie ging zu ihm, gab ihm zu trinken *(Pokal-Drei)* und wurde gewahr, daß er ein gewandter und netter junger Mann *(Stabbube)* war.

Um die Arkana *Wagen, Liebe, Mond* und *Narr* (die ja schon für den Angelika-Traum, Rolands Wahnsinn und des Hippogryphen Reise benutzt wurden) stritten sich nun die Prophezeiung des Hellsehers an Helena von Troja: »Mit den Siegern wird eine Frau auf einem Wagen hereinkommen, eine Königin oder Göttin, und dein Paris wird sich in sie verlieben« – was die schöne und ehebrecherische Gattin des Menelaos veranlaßte, beim Schein des Mondes in ärmlichem Gewande und

nur in Begleitung des Hofnarren aus der belagerten Stadt zu fliehen – und die simultan vorgebrachte Geschichte der anderen Königin, welche sich in den Gefangenen verliebte, ihn nächtens befreite und aufforderte, sich in der Verkleidung eines Vagabunden davonzumachen, jedoch zu warten, bis sie auf ihrem Königswagen zu ihm in des Waldes Dunkelheit gekommen wäre.

Danach ging eine jede der beiden Geschichten ihrem Ende entgegen, Helena erreichte den Olymp *(Glücksrad)* und trat vor die Tafel *(Pokale)* der Götter, die andere wartete im Wald *(Stäbe)* bis zum ersten güldenen *(Münzen)* Morgenschimmer vergebens auf den von ihr befreiten Mann. Und während sich die eine zum Schluß an Zeus den Allmächtigen *(Der Kaiser)* wandte: »Sag dem Dichter *(Der Pagat)*, der hier im Olymp, nimmermehr blind, inmitten der Unsterblichen sitzt und zeitlose Verse zu zeitlichen Geschichten fügt, die andere Dichter singen werden, daß ich vom Willen der Himmlischen *(Schwert-As)* nur dies eine Almosen *(Münzen-As)* heische, er möge im Gedicht meines Schicksals schreiben: noch ehe Paris sie betrügen kann, wird Helena sich gar im Bauche des Trojanischen Pferds *(Stabreiter)* dem Odysseus geben!« hatte die andere ein nicht minder ungewisses Schicksal, hörte sie sich doch von einer strahlenden Kriegerin *(Schwertkönigin)* angesprochen, die ihr an der Spitze eines Heeres entgegenzog: »Königin der Nacht, mein ist der von dir befreite Mann. Rüste dich zum Kampf. Der Krieg mit des Tages Heerscharen endet zwischen den Bäumen des Waldes nicht vor der Morgenröte!«

Gleichzeitig mußte man sich vergegenwärtigen, daß

ein auf der Karte *Die Welt* belagertes Paris oder Troja, in der Geschichte des Grabräubers auch die himmlische Stadt, zu einer unterirdischen Stadt in der Geschichte eines gewissen andern wurde, der sich mit dem prallen tafelfreudigen Gesicht des *Stabkönigs* vorgestellt hatte und dort eintraf, nachdem er sich in einem Zauberwald mit einer Keule von außergewöhnlichen Kräften bewaffnet hatte und einem unbekannten Krieger in schwarzer Rüstung gefolgt war, der mit seinen Reichtümern renommierte *(Stäbe, Schwertreiter, Münzen).* In einem Wirtshausstreit *(Becher)* hatte der mysteriöse Reisegefährte sein Zepter *(Stab-As)* über die Stadt aufs Spiel gesetzt. Der Kampf mit Stockhieben ging für unsern Mann gut aus, und der Unbekannte sprach: »Nun bist du Herr der Todesstadt. Wisse, daß du den Fürsten der Diskontinuität besiegt hast«, öffnete das Visier und zeigte sein wahres Gesicht *(Der Tod),* einen gelben, stumpfnasigen Totenschädel.

Die Todesstadt war verschlossen und keiner konnte mehr sterben. Es begann ein neues Goldenes Zeitalter: die Menschen schwammen in Schwelgereien, kreuzten ihre Klingen in harmlosen Waffengängen, stürzten sich von hohen Türmen, ohne Schaden zu nehmen *(Münzen, Becher, Schwert, Turm).* Und die von Lebenden jauchzend bewohnten Gräber *(Das Urteil)* waren diejenigen der inzwischen nutzlosen Friedhöfe, wo die Feiernden sich zu ihren Orgien zusammentaten, unter den entsetzten Blicken der Engel und Gottes. So sehr, daß gar bald die Mahnung erscholl: »Mach sie wieder auf, die Pforte des Todes, oder die Welt wird eine Öde gespickt mit dürren Ästen, ein Berg von kaltem Metall!« und unser Held

sich in Demut vor die Füße des zürnenden Pontifex kniete *(Stab-Vier, Münzen-Acht, Der Papst).*
»Dieser Papst bin ich gewesen!« schien ein anderer Tischgenosse zu rufen, der sich unter dem falschen Gewande des *Münzenreiters* vorstellte und damit, daß er die *Münzen-Vier* verachtungsvoll abwarf, vielleicht mitteilen wollte, daß er Prunk und Pomp des päpstlichen Hofes verlassen hatte, um den Sterbenden auf dem Schlachtfeld das Viatikum zu bringen. *Der Tod,* gefolgt von der *Schwert-Zehn,* bedeutete dann die weite Fläche mit zerstückelten Leibern, zwischen denen der entsetzte Pontifex zu Beginn einer von denselben Tarocks minuziös erzählten Geschichte umherwandelte, die schon die Liebe eines Kriegers und einer Leiche vermeldet hatte, wo jedoch die in einem andern Schlüssel gelesene Reihenfolge *Stab, Teufel, Münzen-Zwei, Schwert* vermuten ließ, daß man den beim Anblick des Massakers vom Zweifel versuchten Papst hatte fragen hören: »Gott, warum lässest du solches zu? Warum lässest du so viele deiner Seelen verlorengehen?« und eine Stimme aus dem Walde erwidern hören: »Zwei sind wir, uns die Welt und die Seelen zu teilen *(Münzen-Zwei)*! Nicht allein an Ihm ist es, zu erlauben oder nicht zu erlauben! Er muß doch stets die Rechnung mit mir machen!«
Der *Schwertbube* am Ende des Kartenstreifens präzisierte, daß nach dieser Stimme mit verächtlichem Gehabe ein Krieger erschienen war: »Anerkenne mich als den Fürsten der Widersetzlichkeiten, und ich werde den Frieden auf Erden herrschen lassen *(Pokal),* ein neues Goldenes Zeitalter einleiten!«
»Seit geraumer Zeit erinnert dieses Zeichen daran,

daß der Andere von dem Einen besiegt wurde!« mochte der Papst gesagt haben, ihm die gekreuzte *Stab-Zwei* entgegenhaltend.
Oder diese Karte bezeichnete eine Wegkreuzung. »Zwei Wege gibt es. Wähle!« hatte der Feind gesagt, doch mitten auf der Kreuzung war die *Schwertkönigin* erschienen (schon Zauberin Angelika oder schöne verdammte Seele oder Anführerin gewesen) und sprach: »Haltet ein! Euer Streit hat keinen Sinn. Wisset, daß ich die freudige Göttin der Zerstörung bin, die über das ununterbrochene Vergehen und Wiedererstehen der Welt gebietet. Im allgemeinen Massaker vermischen sich die Karten immer wieder und die Seelen haben kein besseres Geschick als die Leiber, die wenigstens die Grabesruhe genießen. Ein Krieg ohne Ende erschüttert das Universum bis zu den Sternen des Firmaments und verschont nicht Geister noch Atome. Im goldnen Staub, der in der Luft hängt, wenn das Zimmerdunkel von Lichtstrahlen durchbrochen wird, schaute Lukrez die Kämpfe winziger Körperchen, Invasionen, Attacken, Turniere, Strudel« ... *(Schwert, Stern, Gold, Schwert).*

Sicherlich ist auch meine Geschichte in dieser Verquickung von Karten enthalten, Vergangenheit Gegenwart Zukunft, doch ich kann sie nicht mehr unter den anderen herausfinden. Wald, Schloß, Tarocks haben mich dazu gebracht: meine Geschichte zu verlieren, sie unter den Staub der Geschichten zu vermengen, mich von ihr zu befreien. Was von mir bleibt, ist nur noch die hartnäckige Besessenheit, zu vervollständigen, abzuschließen, die Rechnung aufge-

hen zu lassen. Ich muß noch die beiden Seiten des Quadrats in entgegengesetzter Richtung durchlaufen und tu's nur aus Ehrgeiz, damit es keine halbe Sache wird.

Der Schloßherr-Gastwirt, der uns aufgenommen hat, muß nun bald das seine sagen. Nehmen wir an, er wäre der *Pokalbube* und ein ungewöhnlicher Gast *(Der Teufel)* hätte sein Schloß-Gasthaus aufgesucht. Nun ist es guter Brauch, gewissen Gästen nie einen Gratistrunk zu bieten, doch als dieser Gast zum Zahlen aufgefordert wurde, sagte er: »Wirt, in deiner Taverne wird alles vermischt, Wein und Schicksale...«

»Euer Ehren sind mit meinem Wein nicht zufrieden?«

»Äußerst zufrieden! Nur ich allein weiß alles zu schätzen, was verschnitten und zwiegesichtig ist. Drum will ich dir auch weit mehr als *zwei Münzen* geben!«

Hier nun verkörperte *Der Stern*, siebzehntes Arkanum, nicht mehr die Psyche noch die aus dem Grabe erstandene Braut noch ein Gestirn am Firmament, sondern lediglich die zum Kassieren geschickte Dienstmagd, die mit gleißenden Händen voller nie gesehener Geldstücke schreiend zurückkam: »Denkt Euch! Dieser Herr! Was er getan! Einen der *Pokale* auf dem Tisch hat er umgekippt und ein Meer von *Münzen* rausfallen lassen.«

»Was ist das für eine Hexerei?« hatte der Schloßherr-Gastwirt gerufen.

Der Besucher stand schon auf der Schwelle. »Unter all deinen Pokalen ist jetzt einer, der ganz wie die andern aussieht, doch verzaubert ist. Nutze dies Geschenk auf eine Weise, die mir genehm sei, sonst werde ich

dir, der du mich als Freund kennenlerntest, als Feind gegenübertreten!« Sprach's und verschwand.
Der Schloßherr überlegte hin und her und entschied sich dann, als Gaukler verkleidet in die Kapitale zu gehen und die Macht zu erlangen, indem er aus vollen Händen klingende Münzen verausgabte. Also war *Der Pagat* (den wir schon als Mephisto oder Dichter gesehen haben) auch ein Wirt-Scharlatan, der davon träumte, mit dem Becher-Trick seiner *Pokale* ein *Kaiser* zu werden, und das *Rad* (nicht mehr Goldmühle oder Olymp oder Welt des Mondes) versinnbildlichte sein Vorhaben, die Welt auf den Kopf zu stellen.
Er machte sich auf. Doch im Wald ... An dieser Stelle mußte das Arkanum *Päpstin* wieder als Hohepriesterin interpretiert werden, die im Wald ein ausgelassenes Ritual feierte und zu dem Wanderer sagte: »Gib den Bacchantinnen den heiligen Kelch zurück, der uns geraubt wurde!« So erklärte sich auch das barfüßige, weinbefleckte Mädchen, das in den Tarocks *Die Mäßigkeit* genannt wird, und so auch die sorgfältige Ausarbeitung des Kelch-Altars, der den Platz des *Pokal-Asses* einnahm.
Indessen hatte auch die üppige Frau, die uns als geschäftige Wirtin oder bemühte Schloßherrin zu trinken kredenzte, ihre Geschichte mit drei Karten begonnen: *Stabkönigin, Schwert-Acht, Päpstin,* und wir waren versucht, *Die Päpstin* als Äbtissin eines Klosters zu betrachten, zu der unsere Erzählerin, damals ein zartes Internatsmädchen, gesagt hatte, um dem Schrecken entgegenzuwirken, der unter den Nonnen vor dem herannahenden Krieg herrschte: »Erlaubt mir, daß ich den Anführer der Invasoren zum Zweikampf *(Schwert-Zwei)* fordere!«

In der Tat war dies Mädchen eine erprobte Fechterin – wie uns *Die Gerechtigkeit* von neuem offenbarte – und im Morgengrauen auf dem Schlachtfeld trat ihre majestätische Gestalt so strahlend in Erscheinung *(Die Sonne)*, daß der zum Zweikampf geforderte Prinz *(Schwertreiter)* sich in sie verliebte. Das Hochzeitsmahl *(Pokale)* fand am Königshof der Eltern des Bräutigams (*Kaiserin* und *Münzenkönig*) statt, deren Gesichtsausdruck all ihren Argwohn gegenüber dieser gewaltigen Schwiegertochter widerspiegelte. Sobald der Ehemann wieder aufbrechen mußte (Abrükken des *Pokalreiters*), dingten *(Münzen)* die grausamen Schwiegereltern einen Meuchelmörder, damit er die Braut in den Wald *(Stäbe)* führe und umbringe. Hier nun erwies sich, daß der Unhold *(Die Kraft)* und *Der Gehenkte* ein und derselbe waren, nämlich der Meuchelmörder, der sich auf unsere Löwin stürzte und sich kurz danach von dieser robusten Kämpferin gehenkt wiederfand.

Dem Anschlag entgangen, hatte sich die Heldin als Schloßherrin oder Schloßmagd verkleidet, wie wir sie jetzt ebenso leibhaftig wie auf dem Arkanum *Die Mäßigkeit* einen ganz reinen Wein einschenken sahen (wofür die bacchischen Motive des *Pokal-Asses* die Gewähr boten). Und nun deckt sie einen Tisch für zwei, wartet auf die Rückkehr des Gemahls, späht auf jede Bewegung in den Zweigen dieses Waldes, jedes Ziehen von Karten aus diesem Tarock, jeden coup de théâtre in diesem verschachtelten Gefüge der Erzählungen, bis das Spiel zu Ende ist. Dann wischen ihre Hände die Karten auseinander, mischen sie zu einem Stoß zusammen, fangen noch einmal an.

DIE TAVERNE, DARIN SICH SCHICKSALE KREUZEN

DIE TAVERNE

Wir kommen aus dem Dunkel heraus, nein, wir treten ein, draußen ist es dunkel, hier sieht man etwas in dem Rauch, das Licht ist rauchig, vielleicht Kerzenlicht, aber man sieht die Farben, verschiedene Gelb und Blau auf dem Weißen, auf dem Tisch, rote, auch grüne Farbflecke mit schwarzen Umrandungen, Zeichnungen auf weißen Rechtecken, die über den Tisch verstreut liegen. Da gibt es *Stäbe,* dichtes Gezweig, Stämme, Laub wie vorhin draußen, *Schwerter,* die schneidend auf uns einschlagen im dichten Laub, in den dunklen Hinterhalten, in die wir uns verirrt hatten, glücklicherweise sahen wir am Ende ein Licht, eine Tür, da gibt es glänzendes *Münzen*gold und *Pokale,* gibt es diese Tafelrunde mit den Bechern und Tellern, den dampfenden Suppenschalen, den Krügen, dem Wein, wir sind gerettet, aber noch halbtot vor Schrecken, davon können wir erzählen, hätten eine Menge zu erzählen, ein jeder möchte den andern erzählen, was ihm widerfahren, was er mit seinen eigenen Augen hat sehen müssen in Dunkel und Schweigen, hier ist es jetzt laut, wie soll ich mir Gehör verschaffen, ich höre meine Stimme nicht, die Stimme kommt mir nicht aus der Kehle, mir fehlt die Stimme, ich höre auch keine Stimme von den andern, die Geräusche sind zu hören, schließlich bin ich nicht taub, ich höre das Geschirr aneinanderstoßen, die Korken knallen, die Löffel klappern, höre kauen, rülpsen, ich gestikuliere, um mitzuteilen, daß mir die

Sprache abhanden gekommen ist, die andern machen ebensolche Zeichen, sind stumm, wir alle haben im Walde die Worte verloren, sitzen allesamt um diesen Tisch, Männer wie Frauen, gutgekleidet oder schlechtgekleidet, erschrocken, ja, erschrecklich anzusehen, alle mit weißem Haar, junge und alte, auch ich spiegle mich in so einem Spiegel, so einer Karte, auch ich habe vor Schrecken weißes Haar.
Wie soll ich jetzt erzählen, da ich das Wort, die Worte, vielleicht gar das Gedächtnis verloren habe, wie kann ich mich daran erinnern, was draußen gewesen, und habe ich mich daran erinnert, wie soll ich dann die Worte finden, um es zu sagen; und wie soll ich diese Worte aussprechen, wir alle versuchen, den andern mit Gesten, mit Grimassen, alle wie die Affen, den andern etwas begreiflich zu machen. Zum Glück liegen diese Karten da auf dem Tisch, ein Päckchen Tarocks von den gebräuchlichsten, Marseiller Karten, wie man sie nennt, oder auch bergamaskische, neapolitanische, piemontesische, nennt sie, wie ihr Lust habt, und sind's nicht dieselben, gleichen sie sich doch in den Dorfschenken und Schürzen der Zigeunerinnen, mit kräftigen, groben Linien gezeichnet, aber doch mit Details, die man sich nicht erwartet hätte, die man auch nicht so recht versteht, als hätte derjenige, der diese Konturen für den Druck ins Holz geschnitten, sie mit seinen ungefügen Händen von anderen komplizierten Vorlagen abgenommen, in die wer weiß wieviel nach allen Regeln der Kunst studiertes Zeug mit Feinheit eingearbeitet war, ohne überhaupt zu verstehen, was er da kopierte, und die Hölzer dann mit seinen Druckfarben eingestrichen, und weg damit.

Alle gleichzeitig legen wir unsere Hände auf diese Karten, und einige Figuren, in Reihe gelegt mit anderen Figuren, erinnern mich an die Geschichte, die mich hierhergebracht hat, ich versuche darin zu erkennen, was mir widerfahren ist, und es den andern zu zeigen, die ja auch hier sind und auch in den Karten suchen und mir die eine oder andere Figur mit dem Finger zeigen, und nichts paßt mit nichts so recht zusammen und wir reißen uns die Karten aus der Hand und verstreuen sie über den Tisch.

Einer von uns dreht eine Karte um, nimmt sie auf, sieht sie an, als betrachte er sich in einem Taschenspiegel. Es stimmt, der *Pokalreiter* gleicht ihm wie aus dem Gesicht geschnitten. Und nicht nur an dem erschreckten Gesicht und den aufgerissenen Augen, am langen, bis auf die Schulter gehenden weiß gewordenen Haar kann man die Ähnlichkeit erkennen, sondern auch an den Händen, die er auf dem Tisch hin und her bewegt, als wüßte er nicht, wohin damit, und deren Rechte, bitte, da auf der Figur einen zu mächtigen Pokal auf der Handfläche balanciert, während die Linke den Zügel nur eben mit den Fingerspitzen hält. Auch aufs Pferd überträgt sich dies schwankende Verhalten: man könnte meinen, daß es nicht richtig auftreten kann, weil es keinen festen Boden unter den Hufen hat.

Nachdem der junge Mann diese eine Karte gefunden, scheint er in all den anderen Karten, die ihm vor die Hände geraten, eine besondere Bedeutung zu erkennen und legt sie in eine Reihe auf den Tisch, als folge er einem Leitfaden von der einen zur anderen. Die Wehmut, die man ihm vom Gesicht ablesen kann, während er zusammen mit einer *Pokal-Acht* und einer *Stab-Zehn* das Arkanum ablegt, das je nach Gegend *Die Liebe* oder *Der Geliebte* oder *Die Liebenden* genannt wird, läßt an ein Herzeleid denken, das ihn von einem heißen Bankett in den Wald getrieben hat, um frische Luft zu schöpfen. Oder gar, sein eigenes

Hochzeitsfest im Stich zu lassen und noch am Hochzeitstag frei zu werden wie der Vogel im Walde.

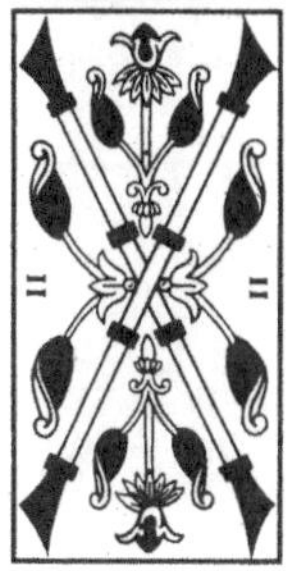

Vielleicht gibt es in seinem Leben zwei Frauen, und er weiß nicht, wie er sich entscheiden soll. So stellt ihn jedenfalls die Zeichnung dar: noch blondhaarig zwischen den beiden Rivalinnen, die eine packt ihn an der Schulter und sieht ihn begehrlich an, die andere schmiegt sich mit einer schmeichelnden Bewegung ihres ganzen Körpers an ihn, und er weiß nicht, wohin er sich wenden soll. Jedesmal, wenn er schon drauf und dran ist, sich zu entscheiden, welche von den beiden für ihn die rechte Braut wäre, kommt er zur Überzeugung, daß er ohne weiteres auf die andere verzichten kann und findet sich also damit ab, immer diese zu verlieren, wenn er merkt, daß er jener den Vorzug gibt. Einzige Konstante in diesem Hin und Her der Gedanken ist, daß er sowohl auf die eine wie auf die andere verzichten kann, hat doch jede Wahl ihre Kehrseite, nämlich den Verzicht, und also gibt es keinen Unterschied zwischen dem Akt des Wählens und dem des Verzichtens.

Nur eine Reise konnte ihn aus dieser Sackgasse führen: der Tarock, den der junge Mann jetzt auf den Tisch legen wird, ist bestimmt *Der Wagen*; die beiden Pferde ziehen den prunkvollen Wagen über holprige Waldwege, am langen Zügel, wie er sie für gewöhnlich gehen läßt, damit nicht er die Wahl zu treffen hat, wenn man eine Wegscheide erreicht. Die *Stab-Zwei* bedeutet, daß sich zwei Straßen kreuzen; das eine Pferd zieht hierhin, das andere dorthin; die Räder auf dem Bild laufen so auseinander, daß sie sich im rechten Winkel zur Straße zu befinden scheinen, ein Zeichen dafür, daß der Wagen steht. Oder, wenn er

sich auch bewegt, daß er doch geradesogut stehenbleiben könnte, wie dies vielen Leuten ergeht, vor denen sich die Auffahrten zu den besten und schnellsten Straßen öffnen, die auf riesigen Pfeilern über die Täler gleiten und durch den Granit der Berge führen; sie sind frei, überall hinzufahren, und immer ist es überall das gleiche. Solcherart sahen wir es da gedruckt in der aufgesetzt entschlossenen und selbstüberzeugten Pose des triumphierenden Fahrers; doch trug er immer seinen geteilten Sinn mit sich herum, ebenso wie die beiden Masken mit dem auseinanderstrebenden Blick, die er auf seinem Mantel trug.

Um sich zu entscheiden, welchen Weg man einschlagen soll, braucht man sich nur dem Schicksal anzuvertrauen: der *Münzenbube* zeigt den Jüngling, wie er gerade ein Geldstück in die Luft wirft: Kopf oder Zahl? Vielleicht nicht das eine und nicht das andere, die Münze rollt und rollt und bleibt aufrecht an einer Hecke stehen, vor einer alten Eiche mitten zwischen den beiden Fahrwegen. Mit dem *Stab-As* will uns der junge Mann sicher berichten, daß er sich nicht entscheiden konnte, ob er in der einen oder in der anderen Richtung weiterfahren sollte, und daß ihm nichts anderes übrigblieb als auszusteigen und den knorrigen Baum hinauf und auf die Äste zu klettern, die ihm mit ihrer Abfolge von Verzweigungen stets von neuem die Qual der Wahl bereiteten.

Wenn er sich von einem Ast zum andern zieht, hofft er doch, einen größeren Ausblick zu haben und erkennen zu können, wohin die Wege führen; aber unter ihm ist dichtes Blattwerk, die Sicht auf die Erde ist rasch vorbei, und hebt er den Blick zum Gipfel des Baumes, so blendet ihn *Die Sonne* mit stechenden

Strahlen, die im Gegenlicht die Blätter in allen Farben funkeln lassen. Man müßte aber auch noch erklären, was die beiden Kinder zu bedeuten haben, die man auf dem Tarock sieht; es soll heißen: der junge Mann hat beim Hinaufblicken gemerkt, daß er nicht allein auf dem Baum ist, zwei Knirpse waren schon vor ihm über die Zweige hinaufgeklettert.

Sie sahen aus wie Zwillinge: ganz und gar gleich, barfuß und flachsblond. Möglich, daß der junge Mann jetzt etwas gesagt, daß er gefragt hat: »Was macht ihr denn hier, ihr zwei?« oder: »Wie weit ist's denn noch bis oben?« Und daß die Zwillinge mit einem konfusen Gestikulieren auf etwas gezeigt haben, das man am Horizont der Zeichnung unter den Strahlen der Sonne erkennt, die Mauern einer Stadt.

Doch wo befinden sich, vom Baum aus gesehen, diese Mauern? Da zeigt das *Pokal-As* eine Stadt mit vielen Türmen und Spitzen und Minaretten und Kuppeln, die sich über die Mauern erheben. Und dazu Palmenblätter, Fasanenflügel und die Flossen blauer Mondfische, die gewiß aus den Gärten, den Volieren, den Aquarien der Stadt emporsprießen, und mitten dazwischen können wir uns die beiden Bengel vorstellen, wie sie Fangeles spielen und verschwinden. Diese Stadt scheint auf einer Pyramidenspitze zu balancieren, die ebensogut der Wipfel des großen Baumes sein könnte, und so wäre sie eine Stadt, die wie ein Vogelhorst auf den obersten Ästen schwebt, mit hängenden Fundamenten wie die Luftwurzeln bestimmter Gewächse, die oben auf anderen Gewächsen leben.

Die Hände des jungen Mannes werden beim Ablegen der Karten immer langsamer und unsicherer, und wir haben alle Zeit, mit unseren Mutmaßungen mitzuhalten und stumm über die Fragen nachzubrüten, die ihm sicherlich ebenso durch den Sinn gegangen sind wie jetzt uns: »Was ist dies für eine Stadt? Ist es die Stadt des Alls? Die Stadt, wo alle Teile sich vereinen, die Wahlen sich die Waage halten, wo die Leere, die zurückbleibt zwischen dem, was man vom Leben erwartet, und dem, was uns beschieden ist, sich füllt?«

Doch wen gab es da in der Stadt, den der junge Mann hätte fragen können? Stellen wir uns vor, er wäre durch den Torbogen in der Umfassungsmauer hineingegangen und weiter bis zu einem Platz mit einer Freitreppe im Hintergrund, und oben auf der Treppe wäre eine Persönlichkeit mit königlichen Attributen gesessen, eine Gottheit auf dem Throne oder ein gekrönter Engel. (Hinter den Schultern sieht man zwei Wölbungen, und das könnte die Rückenlehne des Thrones sein, aber auch geradesogut ein Paar Flügel, die auf der Zeichnung ungeschickt wiedergegeben sind.)

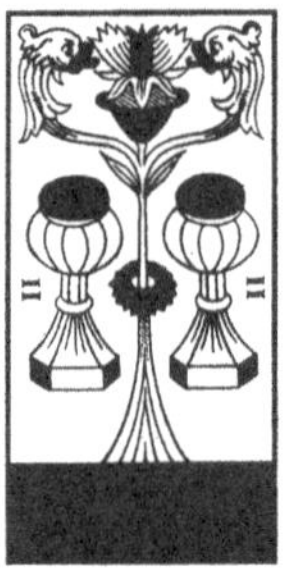

»Ist dies deine Stadt?« hat wohl der junge Mann gefragt. »Deine.« Er hätte keine bessere Antwort bekommen können. »Hier wirst du alles finden, was du verlangst.«

Als wäre er so plötzlich und unvorbereitet in der Lage gewesen, einen vernünftigen Wunsch vorzubringen. Erhitzt, weil er bis dort hinaufgeklettert war, wird er gesagt haben: »Ich hab' Durst!«

Und der Engel auf dem Thron: »Du hast nur die Wahl, von welchem Brunnen du trinken willst«, und wird auf zwei gleiche Brunnen gedeutet haben, die sich auf dem menschenleeren Platz auftaten.

Man braucht den jungen Mann nur anzusehen, um zu merken, daß er sich schon wieder verloren fühlt. Die gekrönte Macht hat nun eine Waage und ein Schwert ergriffen, Wahrzeichen des Engels, der oben vom Sternbild der Libra über Entscheidungen und Gleichgewichte wacht. Wird man demnach auch in der Stadt des Alls nur auf Grund einer Wahl oder Ablehnung zugelassen, wenn man den einen Teil akzeptiert und auf den Rest verzichtet? Da kann er auch gleich wieder gehen, wie er gekommen ist; doch als er sich umdreht, sieht er zwei *Königinnen* auf zwei Balkons, die einander gegenüberstehen auf den beiden Seiten des Platzes. Da nun meint er, die zwei Frauen seiner nicht getroffenen Wahl wiederzuerkennen. Es scheint, als stünden sie dort Wache, um ihn nicht aus der Stadt zu lassen, und wirklich halten sie beide ein gezücktes Schwert, die eine in der Rechten, die andere – sicher um der Symmetrie willen – in der Linken. Beziehungsweise, wenn auch an dem Schwert der einen nicht zu zweifeln war, konnte das andere ebenso ein Gänsekiel oder ein ungeöffneter Zirkel oder eine Flöte oder ein Papiermesser sein, und dann bedeuteten die beiden Frauen zwei verschiedene Wege, die sich demjenigen öffnen, der sich selber noch zu finden hat: der Weg der Leidenschaften, der immer ein Weg der Tat ist, aggressiv, klare Schnitte, und der Weg der Weisheit, der Nachdenken und allmähliches Lernen erfordert.

Während die Hände des jungen Mannes die Karten hinlegen und darauf deuten, überkommt es sie manchmal wie ein leichtes Zittern und Verfehlen der Reihenfolge, ein andermal verkrampfen sie sich, bereuen jede schon ausgespielte Tarockkarte, die doch

besser für ein anderes Ausspielen hätte aufgehoben werden sollen, oder sie verlieren sich auch in weichen, gleichgültigen Gesten, um zu bedeuten, daß jeder Tarock und jeder Brunnen sich ebenso gleichen wie die *Pokale,* die sich in dem Spiel identisch wiederholen, wie auch in der Welt des Gleichartigen Dinge und Geschicke vertauschbar und unveränderbar sich vor einem aufblättern, und wer da zu entscheiden glaubt, einer Selbsttäuschung unterliegt.

Wie kann er erklären, daß für den Durst, den er im Leibe hat, nicht dieser und nicht jener Brunnen ausreicht? Was er will, ist die Zisterne, wo die Wässer aller Brunnen und aller Flüsse einfließen, das Meer, das auf dem Arkanum *Der Stern* oder *Die Sterne* abgebildet ist, wo des Lebens aquatische Ursprünge als Triumph der Vermengung und der über Bord geworfenen guten Gaben verherrlicht werden. Eine nackte Göttin nimmt zwei Karaffen mit wer weiß welchen kühlgestellten Säften für den, der Durst hat (ringsum die gelben Dünen einer sonnenversengten Wüste), und leert sie aus, begießt den kiesigen Strand: im nämlichen Augenblick sprießt eine Vegetation von Steinbrechen mitten aus der Wüste und auf den fetten Blättern singt eine Amsel, das Leben ist eine Vergeudung von Material, das in die Binsen geht, und der große Kessel des Meeres wiederholt nur, was in den Sternbildern geschieht, die seit Jahrmilliarden fortwährend die Atome in den Mörsern ihrer Explosionen zerstoßen, hier auch an dem milchfarbenen Himmel zu sehen.

So, wie der junge Mann diese Karte auf den Tisch haut, ist es schier, als hörten wir ihn rufen: »Das Meer will ich haben, das Meer!«

»Und das Meer sollst du bekommen!« Die Erwiderung der astralen Macht konnte nur einen Kataklysmus kundtun, das Emporsteigen des Meeresspiegels bis hin zu den verlassenen Städten, die Pfoten der Wölfe netzend, die auf die Höhen flüchten und den dräuenden *Mond* anheulen, während das Heer der Schalentiere aus den Abgründen hervorkommt, um den Erdball wiederzuerobern.

Ein Blitz, der auf den Wipfel des Baumes niederfährt und jede Mauer und jeden *Turm* der schwebenden Stadt zerschmettert, beleuchtet eine noch schauerlichere Sicht, auf die uns der Jüngling dadurch vorbereitet, daß er jetzt eine Karte mit langsamer Bewegung und entsetzten Augen aufdeckt. Wie sich der königliche Gesprächspartner auf seinem Thron erhebt, verändert er sich so sehr, daß er nicht mehr wiederzuerkennen ist: hinter seinen Schultern breitet sich kein Engelsgefieder, sondern zwei Fledermausflügel verdüstern den Himmel, die teilnahmslosen Augen starren schielend verquer, die Krone hat verzweigte Hörner getrieben, der Mantel fällt und entblößt den nackten Körper eines Hermaphroditen, Hände und Füße verlängern sich zu Klauen.

»Warst du denn nicht ein Engel?«

»Ich bin der Engel, der in dem Punkt wohnt, in dem sich die Linien gabeln. Wer immer den geteilten Dingen nachgeht, trifft auf mich, wer immer den Widersprüchen auf den Grund geht, stößt auf mich, wer das Geteilte wieder vermengt, hat meinen Hautflügel auf der Wange!«

Zu seinen Füßen sind die beiden Sonnenzwillinge wieder aufgetaucht, in zwei Geschöpfe verwandelt von zugleich menschlichem und tierischem Ausse-

hen, mit Hörnern, Schwanz, Federn, Krallenfüßen, Schuppen, an das Raubvogelwesen durch zwei lange Stränge oder Nabelschnüre gebunden, und man kann annehmen, daß jeder von ihnen auf die gleiche Art noch zwei kleinere Teufelchen am Gängelband hat, die draußen vor der Zeichnung geblieben sind, und so zieht sich von Zweig zu Zweig ein Netz von Fäden, die der Wind wie eine große Spinnwebe hin und her schaukeln läßt, bei einem Geflatter schwarzer Flügel von schrumpfender Größe: Uhus, Käuzchen, Wiedehopfe, Nachtfalter, Hummeln, Mücken.
Der Wind oder die Wellen? Die Schraffur unten auf der Karte könnte besagen, daß die große Flut schon im Begriffe ist, den Wipfel des Baumes zu übersteigen und die ganze Vegetation sich auflöst in ein Schlingern von Algen und Tentakeln. So also wird die Wahl des Menschen verwirklicht, der keine Wahl trifft: jetzt hat er es, das Meer, versinkt Hals über Kopf, schaukelt zwischen den Korallen der Abgründe, ein mit den Füßen ans Beerenkraut *Gehenkter*, das in halber Höhe unter der trüben Fläche des Ozeans treibt und seine grünen Tanghaare nachzieht und die Steilgründe fegt. (Also ist das die Karte, auf der Madame Sosostris, die berühmte Clairvoyante von allerdings wenig verläßlicher Nomenklatur, beim Weissagen der privaten wie allgemeinen Geschicke des Lloyd-Funktionärs a. D. einen ertrunkenen phönikischen Matrosen erkannte?)

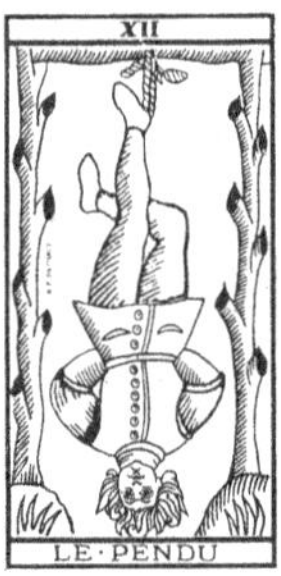

Wenn all sein Wollen darin bestand, aus den individuellen Einengungen, den Kategorien, den Rollen auszubrechen und den Donner, der in den Molekülen rollt, das Vermengen erster und letzter Substanzen zu hören, dann öffnet sich ihm der Weg dazu in dem

Arkanum, das *Die Welt* genannt wird: gekrönt tanzt Venus im Himmel der Vegetation, von den Inkarnationen des vielgestalten Zeus umgeben; jede Art und jedes Individuum und die ganze Geschichte des Menschengeschlechts sind nur zufällige Glieder einer Kette von Mutationen und Evolutionen.

Er brauchte nur noch die große Umdrehung des *Rades* zu Ende zu führen, wo sich das tierische Leben entwickelt und du nie sagen kannst, was oben und was unten ist oder gar die noch längere Umdrehung, die durch die Auflösung geht, Niedergang bis in den Mittelpunkt der Erde in die Ströme der Elemente, Erwartung der Kataklysmen, die das Tarockpäckchen neu mischen und die begrabenen Schichten wieder ans Licht bringen wie auf dem Arkanum des Letzten Erdbebens.

Händezittern und vorzeitiges Ergrauen waren recht harmlose Spuren dessen, was unser unglücklicher Tischgenosse mitgemacht hatte: noch in derselben Nacht war er in seine Urelemente zerstückelt worden *(Schwerter)*, war durch die Krater der Vulkane *(Pokale)* und alle Zeitalter der Erde gekommen, wäre beinahe Gefangener in der endgültigen Starre der Kristalle *(Gold)* geblieben, war wieder zum Leben emporgestiegen durch den bohrend sprießenden Wald *(Stäbe)* hindurch, um schließlich im Sattel als *Münzenreiter* wieder seine wahre Menschengestalt zu erlangen.

Aber ist er's wirklich und nicht gar ein Doppelgänger, den man, eben erst sich selber zurückgegeben, durch den Wald einherkommen sah?

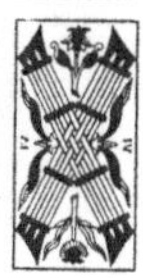

»Wer bist du?«

»Ich bin derjenige, der das Mädchen hätte heiraten

sollen, das du nicht erwählt hättest, der an der Wegscheide den andern Weg hätte nehmen sollen, der aus dem andern Brunnen hätte trinken sollen. Da du nicht wähltest, hast du meine Wahl verhindert.«

»Wohin gehst du?«

»In ein anderes Gasthaus als das, auf das du treffen wirst.«

»Wo sehe ich dich wieder?«

»Gehenkt an einem andern Galgen als dem, wo du gehenkt sein wirst. Adieu.«

GESCHICHTE VOM WALD, DER SICH RÄCHT

Der Faden der Geschichte hat sich nicht nur deshalb verheddert, weil es schwierig ist, eine Karte mit der anderen zu kombinieren, sondern auch, weil bei jeder neuen Karte, die der junge Mann an die Reihe der anderen legen möchte, sich gleich zehn Hände strekken, um sie ihm wegzuschnappen und in eine andere Geschichte zu stecken, die ein jeder für sich aufbaut, und so entwischen ihm die Karten überall, er muß sie mit Händen, Vorderarmen und Ellenbogen festhalten und verbirgt sie auf diese Weise auch vor denen, die begreifen möchten, was für eine Geschichte er da erzählt. Zum Glück ist unter all diesen aufdringlichen Händen auch ein Paar, das ihm zu Hilfe kommt, um die Karten in der Reihe zu halten, und weil es Hände sind, die an Ausmaß und Schwere die anderen um das Dreifache übertreffen und Handgelenk und Arm entsprechend groß sind und ebenso die Kraft und Entschiedenheit, mit der sie auf den Tisch fallen, kann der unentschlossene junge Mann schließlich diejenigen Karten zusammenhalten, die unter dem Schutz der unbekannten Pranken bleiben, Schutz und Schirm, der sich weniger aus der Anteilnahme an der Geschichte seiner Unentschlossenheiten als vielmehr aus dem zufälligen Nebeneinander einiger dieser Karten erklärt, in dem einer eine Geschichte erkannt hat, die ihn noch stärker berührt, nämlich seine eigene.

Nicht einer, sondern eine: denn die Finger, Hände, Handgelenke, Arme sind, Dimensionen beiseite, so beschaffen, wie es weiblichen Fingern, Händen, Handgelenken, Armen zukommt, sind die eines pausbäckigen wohlrunden Mädchens, und geht man diesen Gliedmaßen nach, entdeckt man auch wirklich die Gestalt einer riesenhaften jungen Maid, die eben noch lammfromm zwischen uns gesessen war und plötzlich, nachdem sie ihre Scheu überwunden, zu gestikulieren beginnt, ihren Nachbarn mit den Ellenbogen in den Magen fährt und sie von der Bank kippen läßt.

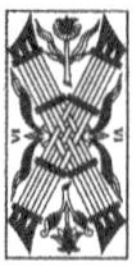

Unsere Blicke heben sich zuerst zu ihrem Gesicht, das – aus Schüchternheit oder Zorn – errötet, und senken sich sodann auf die Figur der *Stabkönigin,* die ihr mit dem derben bäuerlichen, von dichtem weißen Haar umrahmten Gesicht und ihrer rauhen Art ziemlich ähnlich sieht. Sie hat auf diese Karte mit der Bewegung eines Fingers gewiesen, die wie ein Fausthieb auf den Tisch war, und das Wimmern, das über ihre verdrossenen Lippen kommt, scheint zu sagen:

»Ja, das bin wahrhaftig ich, und diese dichten *Stäbe* sind der Wald, wo ich von meinem Vater aufgezogen wurde, der von der zivilisierten Welt nichts Gutes mehr erwartete und *Eremit* in diesen Wäldern wurde, um mich von den schlechten Einflüssen der menschlichen Gesellschaft fernzuhalten. Ich habe meine *Kraft* beim Spiel mit Wildschweinen und Wölfen entwickelt und habe gelernt, daß der Wald, obwohl er vom dauernden gegenseitigen Zerfleischen und Fressen der Tiere und Pflanzen lebt, einem Gesetz untersteht: die Kraft, die nicht zur rechten Zeit haltmachen kann, ob Wisent oder Mensch oder

Kondor, schafft ringsum Wüstenei und beißt selber ins Gras und wird Ameisen und Fliegen ein Fraß sein...«

Dieses Gesetz, das die alten Jäger sehr wohl kannten, an das sich aber heute keiner mehr erinnert, kann man der unerbittlichen, doch beherrschten Geste entnehmen, mit der die schöne Dompteuse den Rachen eines Löwen mit den Fingerspitzen aufsperrt.

In vertrautem Umgang mit den wilden Tieren aufgewachsen, ist sie den Menschen gegenüber spröde geblieben. Wie sie das Traben eines Pferdes hört und auf den Pfaden des Waldes einen schmucken *Reiter* daherkommen sieht, beobachtet sie ihn heimlich durch die Sträucher, läuft dann verschüchtert davon und dann auf Abkürzungen hinab, um ihn nicht aus den Augen zu verlieren. Und jetzt sieht sie ihn mit den Füßen an einen Ast von einem herumziehenden Strauchdieb *gehenkt*, der ihm die Taschen bis auf den letzten Heller leert. Sie überlegt nicht lange, die stämmige Waldmaid: stürzt sich auf den Räuber und läßt ihre Keule wirbeln: wie dürre Äste knacken Knochen, Sehnen, Gelenke und Knorpel. Und jetzt müssen wir annehmen, daß sie den hübschen Jüngling vom Baum genommen und nach Löwenart, ihm übers Gesicht leckend, wiederbelebt hat. Sie reicht ihm aus einer Feldflasche, die sie um den Hals trägt, *zwei Pokale* eines Tranks, dessen Mixtur nur sie allein weiß: so was wie gegorener Ginstersaft und gesäuerte Ziegenmilch. Der Reiter stellt sich vor: »Ich bin der Kronprinz des Imperiums, Seiner Majestät einziger Sohn. Du hast mir das Leben gerettet. Sage, wie ich's dir vergelten kann.«

Und sie: »Bleib ein bißchen und spiel mit mir«, und

versteckt sich zwischen den Meerkirschen. Der Trank war ein starkes Aphrodisiakum. Er läuft ihr nach. Hurtig will die Erzählerin das Arkanum *Die Welt* wie einen schamvollen Hinweis vor unseren Augen vorbeihuschen lassen: »... Bei diesem Spiel ging ich meiner Kindheit bald verlustig...«, aber die Zeichnung zeigt unverblümt, wie sich dem Jüngling ihre Nudität, verklärt durch einen Liebestanz, offenbarte und wie er bei jeder Drehung dieses Tanzes eine neue Trefflichkeit an ihr entdeckte: stark wie eine Löwin, stolz wie ein Adler, mütterlich wie eine Kuh, lieblich wie ein Engel.

Des Prinzen Liebesleidenschaft findet ihre Bestätigung im nachfolgenden Tarock *Die Liebe*, der jedoch auch vor einer vertrackten Situation warnt: der junge Mann erwies sich als verheiratet, und seine rechtmäßige Ehefrau war nicht willens, ihn sich entgehen zu lassen.

»Juristische Hindernisse sind im Walde ohne Belang: bleib hier bei mir und vergiß den Hof, seine Etiketten und Machenschaften«, diesen oder einen anderen ebenso vernünftigen Vorschlag muß ihm das Mädchen gemacht haben; und dachte nicht daran, daß auch Prinzen Prinzipien haben können.

»Allein *Der Papst* kann mich von der ersten Ehe entbinden. Warte du hier auf mich. Ich gehe, bringe die Angelegenheit in Ordnung und komme wieder«, und er sprang auf den *Wagen*, ohne sich noch einmal umzuschauen, ihr eine bescheidene Wegzehrung *(drei Münzen)* reichend.

Einsam und verlassen, überkommen sie nach kurzem *Sternen*-Wechsel die Wehen. Sie schleppt sich an den Rand eines Rinnsals. Die Tiere des Waldes können ohne fremde Hilfe gebären, und sie hat von ihnen gelernt. Sie bringt so kräftige Zwillinge ans Licht der *Sonne,* daß sie schon auf eigenen Füßen stehen können.

»Mit meinen Kindern will ich, *Gerechtigkeit* heischend, vor den *Kaiser* in Person, der in mir die wahre Frau seines Erben und Gebärerin seiner Nachfahren erkennen wird«, und in dieser Absicht macht sie sich auf den Weg in die Hauptstadt.

Sie geht und geht, und der Wald nimmt kein Ende. Sie begegnet einem Mann, der wie ein *Narr* Reißaus nimmt, dem die Wölfe auf den Fersen sind. »Wohin glaubst du denn zu kommen, Unglückliche? Stadt und Reich sind nicht mehr. Die Wege führen von Nirgendwoher nach Nirgendwohin. Sieh doch!«

Gelbes spärliches Gras und der Sand der Wüste decken Asphalt und Gehsteige der Stadt, in den Dünen heulen die Schakale, an den verlassenen Palästen öffnen sich die Fenster unter dem *Mond* wie leere Augenhöhlen, aus unterirdischen Gelassen und Kellern quellen Ratten und Skorpione.

Und doch ist die Stadt nicht gestorben: Maschinen, Motoren, Turbinen rattern und vibrieren weiter, jedes gezahnte *Rad* greift in andere Räder, die Waggons laufen auf den Schienen und die Signale über die Leitungen; und keine Menschenseele ist mehr da, zu übermitteln oder zu empfangen, zu laden oder zu entladen. Die Maschinen, die schon lange wußten, daß sie die Menschen entbehren können, haben sie am Ende verjagt; und nach langer Verbannung sind die wilden Tiere zurückgekommen, das Land zu besetzen, das dem Wald entrissen ward: Füchse und Marder legen ihre samtweichen Schwänze über die Schaltpul-

te mit all den Manometern und Quadranten und Diagrammen; Dachse und Siebenschläfer rollen sich zusammen auf Akkumulatoren und Magneten. Der Mensch wurde gebraucht: nun ist er unnötig. Damit die Welt über die Welt Informationen bekommt und sie auskostet, genügen jetzt Computer und Schmetterlinge.

So endet die Rache der irdischen Kräfte, entfesselt durch Kettenexplosionen von Windhosen und Taifunen. Vögel, die schon als ausgestorben galten, vermehren sich sodann und lassen sich von den vier Kardinalpunkten mit ohrenbetäubendem Gekreisch herab. Macht das in Höhlen unter der Erde geflüchtete Geschlecht der Menschen den Versuch hervorzukommen, sieht es den Himmel von einer dichten Flügeldecke verdunkelt. Sie erkennen den Tag des *Gerichts*, wie auf den Tarocks dargestellt. Und daß sich einer anderen Karte Weissagung erfüllte: es wird der Tag kommen, da eine Feder Nimrods Turm zerschmettert.

GESCHICHTE VOM ÜBERLEBENDEN KRIEGER

Wenn auch die Erzählerin eine ist, die wohl weiß, was sie will, so ist damit noch nicht gesagt, daß man ihrer Geschichte besser als der anderen folgen könnte. Die Karten verschweigen nämlich mehr Dinge als sie aussagen, und kaum sagt eine Karte mehr, versuchen gleich andere Hände, sie an sich zu reißen, um sie in eine andere Erzählung einzubauen. Da fängt zum Beispiel irgendeiner seine eigene Erzählung mit Karten an, die anscheinend nur ihm gehören, und plötzlich überstürzt sich der Schluß und verstrickt sich mit dem der anderen Geschichten in denselben unheilträchtigen Figuren.

So haben wir jetzt jemand, der ganz nach einem aktiven Offizier aussieht und so begonnen hat, daß er sich als *Stabreiter* erkannte, ja, die Karte herumreichte, damit man auch beachten solle, was für ein schönes Pferd mit Schabracke er an jenem Morgen ritt, als er von der Kaserne aufbrach, und was für eine feine Uniform er trug, geschmückt mit glänzenden Rüstungsplatten und einer Gardenie an der Schließe des einen Beinzeugs. Dies ist sein wahres Aussehen – scheint er zu sagen – und wenn wir ihn jetzt in übler Ausstattung und Verfassung erblicken, so nur wegen des erschrecklichen Abenteuers, das er uns gleich erzählen wird.

CAVALIER·DE·BATON

Doch betrachtet man das Abbild ganz genau, enthält auch dieses Merkmale, die seinem jetzigen Aussehen entsprechen: das weiße Haar, die entrückten Augen, der abgebrochene, zu einem Stumpf gewordene Speer. Oder aber es wäre dies gar nicht das Bruchstück eines Speers (schließlich hielt er es mit der Linken), sondern ein zusammengerolltes Pergament, eine Botschaft, die zu überbringen ihm befohlen ward, möglicherweise durch die feindlichen Reihen hindurch. Und nehmen wir an, er wäre Ordonnanzoffizier und hätte Order bekommen, sich zum Hauptquartier seines Souveräns oder Kommandanten zu begeben und diesem höchstpersönlich eine Depesche zu überbringen, die für den Ausgang der Schlacht entscheidend war.

Der Kampf tobt; unser Reiter gerät dazwischen; mit blankem Schwert öffnen sich die einander gegenüberstehenden Heere wie bei einer *Schwert-Zehn* das eine den Weg in das andere hinein. Für die Kämpfe werden zwei Kampfesweisen empfohlen: entweder mitten hinein ins Gedränge und hau und stich wie's geht, oder such dir unter all den Feinden den rechten Feind aus und knöpf ihn dir nach Strich und Faden vor. Unser Ordonnanzoffizier sieht, wie ein *Schwertreiter* auf ihn zukommt, der alle andern an eleganter Ausstattung von Mensch und Tier übertrifft: im Gegensatz zu den Rüstungen ringsum, die aus ungleichen Stücken zusammengeflickt sind, ist die seine bis aufs i-Tüpfelchen komplett und vom Helm bis zum Diechling ganz in einer Farbe gehalten: ein Totenviolenblau, aus dem das vergoldete Bruststück und die vergoldeten Beinbergen herausleuchten. An den Füßen trägt er Pampuschen aus rotem Damast wie die Schabracke des Pferdes. Das Gesicht, zwar von Schweiß und Staub entstellt, weist feine Züge auf. Er hält sein großes Schwert in der Linken, ein Detail, das man nicht übersehen darf: Linkshänder sind gefährliche Gegner. Aber auch unser Held schwingt seine Keule in der Linken, folglich sind sie beide gefährliche Linkshänder, Kämpfer, die einander würdig sind.

Die verkeilten *zwei Schwerter* in einem Wirbel von Ästchen, Eicheln, Blättchen und knospenden Blüten bedeuten, daß die beiden sich zu einem Zweikampf abgesondert haben und mit Kopf- und Flankhieben ringsum die Vegetation stutzen. Zunächst hat unser Mann den Eindruck, daß der Violenblaue mehr flink als kräftig bei Arm ist und daß man sich nur blindlings auf ihn zu stürzen braucht, um ihn zu bezwingen, doch jener läßt die flache Klinge so sehr auf ihn niederprasseln, daß er ihn am Boden festnagelt. Schon liegen die Pferde auf dem Rücken und strampeln wie Schildkröten auf einem Terrain, das von schlangenförmig verbogenen Schwertern übersät ist, und noch immer hält der totenviolenblaue Krieger stand, kräftig. wie ein Pferd, sich wie eine Schlange wendig entziehend, gepanzert wie eine Schildkröte. Je grimmiger der Zweikampf wird, desto mehr steigert sich die Bravour, das Vergnügen, bei sich selber oder beim Feinde neue, ungeahnte Reserven zu entdecken: und so fügt sich zur Balgerei die Grazie eines Tanzes.

Beim Zweikampf hat unser Mann seinen Auftrag schon vergessen, als hoch überm Wald eine Drommete ertönt wie die des Engels vom Jüngsten Gericht auf dem Arkanum, das *Gericht* oder auch *Engel* genannt wird: es ist das Hifthorn, es ruft die Getreuen des *Kaisers* zusammen. Sicher droht dem kaiserlichen Heer große Gefahr: der Offizier muß ohne jeden Verzug seinem Souverän zu Hilfe eilen. Doch wie

kann er einen Zweikampf abbrechen, der seine Ehre und sein Pläsier so herausfordert? Er muß ihn schnellstens beenden: und er schickt sich an, näher an seinen Gegner heranzukommen, da er beim Klang des Hornes eine weite Mensur genommen. Doch wo ist der Violenblaue? Es genügte dieser Augenblick der Verwirrung, und der Gegner ist nicht mehr da. Der Offizier rennt in den Wald, folgt dem Alarmsignal und verfolgt zugleich den Flüchtenden.

Er arbeitet sich durchs Dickicht, durch *Stäbe,* Strauchwerk und dürres Holz. Die Erzählung geht von einer Karte zur anderen in abrupten Sprüngen voran, die man irgendwie einordnen muß. Plötzlich ist der Wald zu Ende. Offenes Land breitet sich schweigend ringsum; verlassen sieht es aus im Schatten des Abends. Blickt man genauer hin, merkt man, daß es über und über mit Männern bedeckt ist, eine ungeordnete Masse, die keinen freien Platz mehr übrigläßt. Doch ist es eine abgeflachte Masse, ist gleichsam hingestrichen auf die Bodenfläche: keiner von diesen Männern steht, sie liegen alle bäuchlings oder auf dem Rücken hingestreckt, bringen ihre Köpfe nicht über die niedergetrampelten Grashalme.

Einige, die *Der Tod* noch nicht in die Starre gebracht, fuchteln, als lernten sie schwimmen in dem von ihrem Blut geschwärzten Schlamm. Hier und dort erblüht eine Hand, öffnet und schließt sich auf der Suche nach dem Handgelenk, von dem sie abgehauen, ein Fuß versucht sich in leichten Schritten, ohne daß er noch einen Körper über den Knöcheln zu tragen hätte, Köpfe von Pagen und Potentaten schütteln ihr langes, bis über die Augen fallendes Haar oder probieren, die auf der Glatze verrutschte Krone zurechtzurücken und schubbern doch nur den Staub mit ihrem Kinn und kauen Kies.

»Was für ein Unheil hat das kaiserliche Heer getroffen?«, diese Frage richtete der Ritter wahrscheinlich an das erste lebende Wesen, dem er begegnete: ein so Verdreckter und Abgerissener, daß er aus der Entfernung dem Tarock-*Narren* glich und sich in der Nähe als verwundeter, hinkender Soldat herausstellte, der das Schlachtfeld floh.

In der stummen Erzählung unseres Offiziers klingt die Stimme dieses Überlebenden schnarrend, kehlig, unartikuliert, ein kaum verständlicher Dialekt, abgehackte Sätze wie diese: »Kein' Quatsch machen, Herr Oberleutnant! Beine in die Hand nehmen! Alle abgekratzt in der Runde! Ein Heer, weiß der Teufel woher, noch nie gesehn, losgelassne Satansbrut! Eh man sich's versah, waren sie wie der Blitz über uns, und wir waren nur noch Fliegenfraß! Bleib in Deckung, Herr Offizier, und hau ab!« Und schon zieht der Landsknecht weiter, weist sein Geschlecht durch die zerschlissenen Hosen, von streunenden Hunden beschnüffelt als ihr Bruder im Gestank, den Schnappsack nachschleifend mit seiner aus den Taschen der Toten zusammengeklaubten Beute.

Das reicht noch lange nicht, um unsern Ritter aufzuhalten. Er macht einen Bogen um die heulenden Schakale, sucht am Rande des Todesfeldes. Im *Mond*-Schein sieht er einen vergoldeten Schild und ein silbernes *Schwert* an einem Baum hängen. Er erkennt die Waffen seines Feindes.

Von der Karte nebenan hört man ein Plätschern. Ein Wildbach fließt dort unten zwischen dem Schilf. Der unbekannte Krieger steht am Ufer und zieht seine

Rüstung aus. Unser Offizier kann ihn natürlich in diesem Moment nicht attackieren: er versteckt sich, um ihn im geeigneten Augenblick anzugreifen, wenn er wieder gerüstet und imstande ist, sich zu verteidigen.

Unter den Platten des Harnischs erscheinen weiße, anmutige Gliedmaßen, aus dem Helm quillt eine Kaskade schwarzer Haare und breitet sich über den Rücken bis dahin, wo dieser sich wölbt. Der Krieger hat den Teint eines jungen Mädchens, Waden einer Dame, Brust und Schoß einer Königin: er ist eine Frau, die unter den *Sternen* an einen Bach gekauert ihre Abendwaschungen macht.

Wie jede neue Karte, die auf den Tisch gelegt wird, den Sinn der vorherigen Karten deutet oder korrigiert, so wirft nun diese Entdeckung die Leidenschaften und Vorsätze des Ritters über den Haufen: begegneten sich in ihm bislang Ehrgeiz, Neid und ritterlicher Respekt gegenüber dem tapferen Gegner mit der Begierde, rasch zu siegen, heimzuzahlen, zu bezwingen, so begegnen sich nun die Beschämung, daß ihm ein Mädchenarm Schach geboten hat, und der Drang, die gedemütigte männliche Vorherrschaft wiederherzustellen, mit dem Verlangen, sich gleich besiegt zu geben, gefangen von diesem Arm, dieser Schulter, diesem Busen.

Der erste dieser neuen Impulse erweist sich als der stärkere: wenn die Rollen von Mann und Frau durcheinandergeraten sind, müssen sofort die Karten neu ausgegeben werden, muß die gestörte Ordnung wiederhergestellt werden, ohne die man nicht mehr weiß, wer man ist und was von einem erwartet wird. Dieses Schwert ist kein Attribut für eine Frau, es ist widerrechtliche Besitzergreifung. Der Ritter, der sich bei einem Gegner desselben Geschlechts niemals den Vorteil zunutze machen würde, ihn wehrlos zu überrumpeln, und der ihn schon gar nicht heimlich berauben würde, schleicht nun durch die Büsche zu den aufgehängten Waffen hin, packt mit diebischer Hand das Schwert, nimmt es vom Baum und eilt davon. Der Krieg zwischen Mann und Weib hat keine Regeln und keine Redlichkeit‹, denkt er und weiß noch gar nicht, wie sehr er zu seinem eigenen Schaden recht hat.

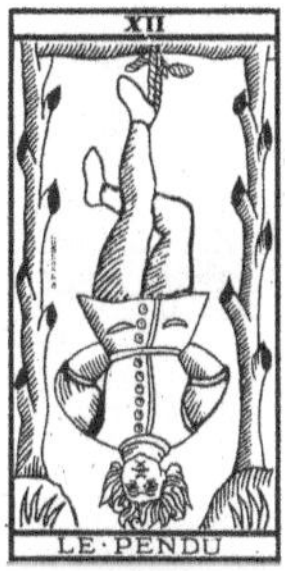

Schon will er im Wald verschwinden, da fühlt er sich an Armen und Beinen ergriffen, gefesselt und kopfunter *gehenkt*. Hinter jedem Uferstrauch waren langbeinige nackte Badende hervorgesprungen wie jene, die auf der Karte *Die Welt* durch eine Lichtung im Laub stürmt. Es ist ein Regiment hünenhafter Kriegerinnen, die sich nach dem Kampf am Wasser entlang verteilt haben, um der Erfrischung zu genießen und ihre *Kraft* blitzesschneller Löwinnen wiederzugewinnen. In Sekundenschnelle sind sie allesamt über ihm, packen ihn, werfen ihn um, reißen ihn sich gegenseitig aus den Händen, zwicken ihn, zerren ihn nach hier und nach dort, kosten ihn mit Fingern, Zungen, Nägeln, Zähnen, nein, so nicht, seid ihr wahnsinnig, laß das dort, was tut ihr mir denn jetzt, da will ich nicht, aufhören, du machst mich kaputt, au! au! au! Erbarmen!

Dortselbst als Toter liegengelassen, kommt ihm ein *Eremit* zu Hilfe, der beim Schein einer Laterne über die Walstätten geht, die sterblichen Reste zusammenfügt und die Wunden der Verstümmelten pflegt. Des heiligen Mannes Worte kann man den letzten Karten

entnehmen, die der Erzähler mit zitternder Hand auf den Tisch legt: »Ich weiß nicht, Soldat, ob es für dich besser war, zu überleben. Niederlage und Gemetzel treffen nicht nur die Armeen deiner Fahne: das Heer der richtenden Amazonen überrennt und massakriert Regimenter und Reiche, breitet sich über die Kontinente des Erdballs, der seit zehntausend Jahren der gleichwohl brüchigen Männerherrschaft unterworfen ist. Der prekäre Waffenstillstand, der Mann und Frau davon abhielt, sich innerhalb der Familien gegenüberzutreten, ist gebrochen: die Ehefrauen, Schwestern, Töchter, Mütter sehen in uns nicht mehr Väter, Brüder, Söhne, Ehemänner, sondern nur noch Feinde, und alle laufen sie mit der Waffe in der Faust hinzu, das Heer der Rächerinnen zu vergrößern. Die stolzen Festungen unsres Geschlechts zerfallen eine nach der anderen; keinem Mann wird Gnade gegeben; wen sie nicht töten, den entmannen sie; nur einigen wenigen, die als Drohnen auserkoren sind, wird Aufschub gewährt, doch ihnen stehen noch schlimmere Foltern bevor, um ihnen jede Lust zu nehmen, sich zu rühmen. Für den Mann, der sich Der Mann glaubte, gibt es keine Wiederkehr. Strafende Königinnen werden in den nächsten Jahrtausenden herrschen.«

Nur einer von uns macht den Eindruck, als erschreckten ihn nicht einmal die unheilvollsten Karten, ja, es hat sogar den Anschein, als stünde er mit dem dreizehnten Arkanum in einem grimmig-vertrauten Verhältnis. Und da er ein Mordskerl ist, nicht anders als der auf der Karte des *Stabbuben,* und beim Aneinanderreihen der Karten sich in seine mühevolle Tagesarbeit zu stürzen scheint, wobei er auf die Gleichmäßigkeit der durch kleine Wege getrennten Fläche von Rechtecken achtet, kommt einem unwillkürlich der Gedanke, daß das Holz, worauf er sich auf dem Bilde stützt, der Stiel eines in die Erde gestoßenen Spatens und er selber von Beruf Totengräber ist.

Bei dem trüben Licht zeigen die Karten eine Nachtlandschaft, die *Pokale* heben sich als Urnen, Särge, Gräber zwischen den Brennesseln ab, die *Schwerter* schlagen metallen wie Spaten oder Schaufeln an bleierne Deckel, die Gold*münzen* flimmern wie Irrlichter. Sowie eine Wolke den *Mond* freigibt, ertönt das Geheul der Schakale, die wütend am Rand der Gräber scharren und Skorpionen und Taranteln das verweste Mahl streitig machen.

In dieser nächtlichen Szenerie können wir uns einen *König* vorstellen, der in Begleitung seines Hofnarren oder Hofzwerges betroffen einhergeht (da sind die Karten *Schwertkönig* und *Narr,* die uns gerade zupaß kommen), und wir können einen Dialog zwischen ihnen vermuten, den der Totengräber prompt mithört.

Was sucht der König da zu dieser Stunde? Die Karte *Pokalkönigin* bringt uns auf den Gedanken, daß er den Spuren seiner Gemahlin folgt; der Spaßmacher hat gesehen, wie sie das Schloß heimlich verließ, und er hat den Herrscher halb scherzhaft halb ernsthaft überredet, ihr nachzugehen. Unheilstifter, der er ist, vermutet der Zwerg eine Intrige von *Liebenden*; aber der König ist sicher, daß alles, was seine Frau tut, sich im Licht der *Sonne* sehen lassen kann: die Betreuung verwahrloster Kinder verpflichtet sie zu so vielen Gängen.

Der König neigt zu Optimismus: in seinem Reich gedeiht alles zum besten, die *Münzen* sind in Umlauf und wohlinvestiert, die *Pokale* des Überflusses bieten sich dem fröhlichen Durst der verschwenderischen Kundschaft, das *Rad* des großen Mechanismus dreht sich aus eigener Kraft Tag und Nacht und es herrscht eine strenge, rationelle *Gerechtigkeit* wie jene, die auf der Karte das unbewegte Gesicht einer Beamtin am Schalter zeigt. Die von ihm erbaute Stadt ist facettiert wie ein Kristall oder wie das *Pokal-As*, durchbrochen von den Fensterhöhlen der Hochhäuser, auf und ab befahren von Aufzügen, selbstgekrönt von Hochstraßen, nicht geizig mit Parkplätzen, unterhöhlt vom strahlenden Ameisenbau der Untergrundbahnen, eine Stadt, die mit ihren Spitzen über die Wolken geht und die dunklen Flügel ihrer giftigen Ausdünstungen in der tiefen Erde begräbt, auf daß sie die Sicht der Glasflächen und die verchromten Metalle nicht beschlagen.

Doch jedesmal, wenn der Narr zwischen einer Grimasse und einer komischen Gebärde den Mund aufmacht, verbreitet er Verdächtigungen, üble Nachrede, Befürchtungen, Ängste: nach seinem Dafürhalten wird der große Mechanismus von infernalischen Bestien betrieben und die unter der Pokal-Stadt wachsenden schwarzen Flügel verheißen einen Anschlag, der sie von innen heraus bedroht. Der König muß auf das Spiel eingehen: bezahlt er seinen Narren nicht eigens dafür, um Widerspruch und Spott zu bekommen? Es ist ein alter und weiser Brauch an den Höfen, daß der Narr oder Possenreißer oder Dichter seiner Funktion nachkommt, die Werte umzudrehen und lächerlich zu machen, auf denen der Souverän seine Herrschaft gründet, und ihm zu demonstrieren, daß jede Gerade eine krumme Kehrseite hat, jedes Fertigprodukt seinen Schrott aus unpassenden Teilen hat, jede geschliffene Rede ihr Blabla verbirgt. Immerhin rufen diese Sticheleien beim König hie und da so etwas wie Unruhe hervor: sicher wird auch dies durch den Vertrag zwischen König und Possenreißer im vorhinein fixiert, ja sogar garantiert, und trotzdem ist es ein wenig beunruhigend und nicht nur allein darum, weil man eine Unruhe nur dann auskosten kann, wenn man sich beunruhigt, sondern weil er sich wirklich beunruhigt.

Wie eben jetzt, als der Narr den König in den Wald führte, wo wir uns alle verirrt hatten. »Ich wußte gar nicht, daß es in meinem Reich noch so dichte Wälder gibt«, muß der Monarch bemerkt haben, »und bei allem, was man da gegen mich redet, ich würde es dem Laub verwehren, Sauerstoff durch seine Poren zu atmen und Licht mit seinen grünen Säften zu verdauen, kann ich mich jetzt nur freuen.«

Und der Narr: »An Deiner Stelle, Majestät, würde ich mich nicht so freuen. Nicht draußen vor der beleuch-

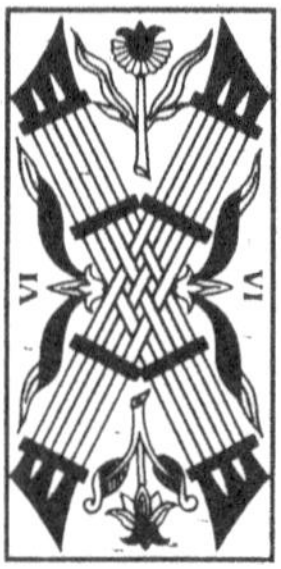

teten Metropole verbreitet der Wald seine Schatten, sondern drinnen: in den Köpfen deiner zielbewußten und produktiven Untertanen.«
»Willst du etwa unterstellen, daß irgend etwas sich meiner Überwachung entzieht, du Narr?«
»Wir werden sehen.«
So dicht auch der Wald war, jetzt lichtet er sich zu Wegen aus aufgeschütteter Erde, rechteckigen Gruben, einem fahlen Weiß wie von Pilzen, das aus dem Boden dringt. Schauerlich bedeutet uns der dreizehnte Tarock, daß sich das Unterholz von halbverwesten Kadavern und abgefleischten Knochen nährt.
»Narr, wohin hast du mich gebracht? Das ist doch ein Friedhof!«
Und der Narr, auf die wirbellose Fauna deutend, die in den Gräbern weidet: »Hier gebietet ein Herrscher, der mächtiger ist als Du, Seine Majestät der Wurm!«
»Noch niemals sah ich auf meinem Territorium einen Ort, wo die Ordnung mehr zu wünschen übrigließe. Wer ist der Trottel, der dies Amt bekleidet?«
»Zu dienen, ich, Majestät«, und das ist nun der Augenblick für den Totengräber, in Erscheinung zu treten und seinen Spruch loszulassen: »Um den Gedanken an den Tod zu verdrängen, verstecken die Bürger hier ihre Leichen recht und schlecht. Aber nachher, nachdem soviel Erde umgegraben ist, überlegen sie sich's nochmal und kommen zurück und vergewissern sich, daß die Toten auch hinreichend begraben sind und ob sie, weil sie tot sind, wirklich etwas anderes sind als die Lebenden, weil ja sonst die Lebenden gar nicht mehr so sicher wären, lebendig zu sein, hab ich recht? Und so gibt es mit Bestattungen und Exhumierungen, mit Aus- und Ein- und Umgra-

ben für mich immer einen Haufen Arbeit!« Und der Totengräber spuckt sich in die Hände und macht sich wieder ans Graben.

Unsere Aufmerksamkeit geht zu einer anderen Karte, die augenscheinlich nicht auffallen möchte, *Die Päpstin,* und wir zeigen sie unserm Tischgenossen mit einer fragenden Geste, die einer Frage des Königs an den Totengräber entsprechen könnte, als er eine vermummte Gestalt im Nonnengewand zwischen den Gräbern kauern sieht: »Wer ist diese Alte, die dort an dem Grab scharrt?«

»Helf Gott, des Nachts treibt sich hier ein übles Frauengesindel herum«, wird der Totengräber, sich bekreuzigend, geantwortet haben, »wohlbewandert in Zaubertränken und Zauberbüchern; sie sammeln Ingredienzien für ihre Hexenkünste.«

»Wir wollen ihr nachgehen und ihr Treiben beobachten.«

»Ich nicht, Majestät!« Hier hat der Narr gewiß mit Schaudern einen Schritt rückwärts gemacht. »Und Euch beschwöre ich, macht einen weiten Bogen!«

»Schließlich muß ich wissen, wie weit man's in meinem Reich noch mit dem überlebten Aberglauben hat.« Des Königs Eigensinn ist sprichwörtlich: geführt vom Totengräber geht er ihr nach.

Auf dem Arkanum genannt *Die Sterne* sehen wir, wie die Frau sich ihres Mantels und der Nonnentücher entledigt. Sie ist überhaupt nicht alt; schön ist sie; nackt ist sie. Die Helligkeit des Mondes strahlt inmitten des Sternenglanzes und offenbart, daß die nächtliche Friedhofsgängerin der Königin gleicht. Erst ist es der König, der den Körper seiner Ehefrau erkennt, ihre wie Birnen anmutig geformten Brüste, die sanfte Schulter, den einladenden Schenkel, den weiten, länglichen Leib; sowie sie dann ihre Stirn hebt und ihr von dichtem, bis über die Schulter fallenden Haar umrahmtes Gesicht zeigt, bleibt auch uns der Mund offen: wäre da nicht der entrückte Ausdruck, der demjenigen des offiziellen Porträts wahrlich nicht entspricht, sie würde der Königin ganz und gar gleichen.

»Wie können sich diese schmutzigen Hexen nur erlauben, die Gestalt gesitteter und angesehener Persönlichkeiten anzunehmen!«, so und nicht anders wird die Reaktion des Königs gewesen sein, der, um nur jeden Verdacht von seiner Frau abzuwenden, jetzt sogar bereit ist, den Hexen bestimmte übernatürliche Kräfte zuzugestehen, einschließlich derjenigen, sich nach Belieben zu verwandeln. Eine Alternativerklärung, die wahrscheinlicher geklungen hätte (»Jetzt mußte meine arme Frau, abgespannt wie sie ist, noch eine Krise von Somnambulismus bekommen!«), hat er gleich von sich gewiesen, als er sah, welch mühsamem Tun sich die angebliche Nachtwandlerin unterzieht: kniend am Rande eines Grabes netzt sie den Boden mit dunklen Zaubertränken. (Falls die Dinge, die sie in der Hand hat, nicht gar als funkensprühende Schweißflammen zu deuten sind, um einen Bleisarg zu öffnen.)

Welches Verfahren auch immer hier angewandt wird, es geht um die Öffnung eines Grabes, eine Szene, die ein anderer Tarock für den Tag des *Gerichts* am Ende der Zeiten vorsieht, nun aber durch die Hand einer zarten Frau vorweggenommen wird. Mit Hilfe *zweier Stäbe* und eines Stricks zieht die Hexe den Körper eines an den Füßen *Gehenkten* aus der Grube. Es ist eine noch gut aussehende Leiche; vom bleichen Schädel fällt dichtes schwarzes, fast blaues Haar; die Augen sind aufgerissen wie von einem gewaltsamen Tod, die Lippen zusammengepreßt über langen spitzen Eckzähnen, die von der Hexe mit liebkosender Gebärde entblößt werden.

Bei so viel Grauen entgeht uns jedoch nicht ein Detail: ebenso wie die Hexe eine Doppelgängerin der Königin ist, so gleichen sich der Leichnam und der König wie ein Ei dem andern. Der einzige, der dies nicht merkt, ist eben der König, dem ein kompromittierender Ausdruck entfährt: »Hexe ... Vampir ... Ehebrecherin!« Demnach gibt er zu, daß die Hexe und seine Frau ein und dieselbe Person ist? Oder glaubt er etwa, daß die Hexe, wenn sie schon die Gestalt der Königin annimmt, auch deren Pflichten zu respektieren hat? Vielleicht könnte es ihm ein Trost sein, zu wissen, daß er mit seinem eigenen Doppelgänger betrogen wird, doch keiner hat den Mut, ihn darauf hinzuweisen.

Unten in der Grube geschieht Schamloses: die Hexe hat sich über den Kadaver geduckt wie eine brütende Henne; und da richtet sich der Tote auf, gleich einem *Stab-As*; wie ein *Pokalbube* führt er den Kelch an die Lippen, den ihm die Hexe gereicht; wie auf der *Pokal-Zwei* trinken sie sich zu, heben die Kelche, die rot leuchten von frischem ungeronnenen Blut.

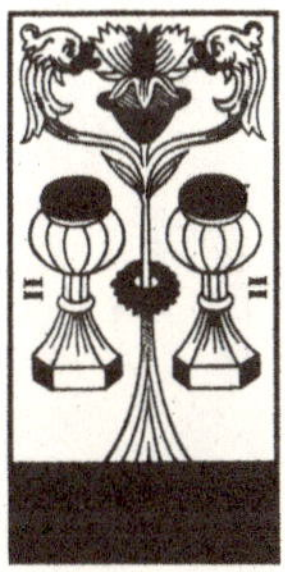

»Also ist mein metallisches und aseptisches Reich immer noch Tummelplatz von Vampiren, dieser dreckigen Feudalsekte!« Solches oder Ähnliches mag der König nun ausrufen, wobei sich ihm die Haare, Strähne um Strähne, auf dem Kopf sträuben und ergraut auf ihren Platz zurückfallen. Die Metropole, die er stets kompakt und transparent wie ein aus Bergkristall geschnittener Kelch geglaubt hatte, erweist sich als porös und zerfressen wie ein alter Korken, recht und schlecht dort eingeschlagen, um das Leck an der feuchten und verpesteten Grenze des Totenreichs zu verstopfen.

»Wisse«, und die Erläuterung kann nur vom Totengräber kommen, »daß dies Zauberweib in der Nacht der Sonnenwende und Tagundnachtgleiche zum Grab des von ihr selber umgebrachten Gatten geht, ihn aus der Erde holt und wieder zum Leben erweckt, indem sie ihn aus ihren eigenen Venen nährt, und sich sodann mit ihm vereint am großen Hexensabbat der Leiber, die aus fremdem Blut ihre verbrauchten Arterien speisen und die perversen vielgestalten Pudenda wärmen.«

Von diesem ruchlosen Ritus bringen die Tarocks zwei voneinander so abweichende Versionen, daß sie das Werk verschiedener Hände zu sein scheinen: die eine ist plump und müht sich, eine abscheuliche Gestalt wiederzugeben, Mann, Frau und Fledermaus in einem, genannt *Der Teufel*; die andere ist ganz Verzierung und Girlanden, verherrlicht durch den Tanz einer nackten ausgelassenen Zauberin oder Nymphe die Versöhnung der irdischen Kräfte mit denen des Himmels als Sinnbild für die Ganzheit der *Welt*. (Doch der Graveur der beiden Tarocks kann ebensogut ein und derselbe gewesen sein, eines nächtlichen Kults heimlicher Adept, der mit steifen Strichen die Schreckgestalt des Teufels umriß, um sich über die Unwissenheit von Exorzisten und Inquisitoren lustig zu machen, und all sein ornamentales Können auf die Allegorie seiner Geheimlehre verwandte.)

»Sagt mir, braver Mann, wie kann ich meine Lande von dieser Geißel befreien?« wird der König gefragt und, plötzlich von kriegerischem Ungestüm gepackt (die *Schwert*-Karten sind ja stets bereit, ihn darauf hinzuweisen, daß das Kräfteverhältnis weiterhin für ihn günstig ist), vielleicht vorgeschlagen haben: »Wohl könnte ich mich meines Heeres bedienen, das geübt ist, zu umfassen und zu bedrängen, mit Feuer und Schwert vorzugehen, zu plündern und zu brennen, alles dem Erdboden gleichzumachen, so daß kein Grashalm, kein sich regendes Blatt, keine Menschenseele überlebt...«

»Das ist nicht vonnöten, Majestät«, unterbricht ihn der Totengräber, der in seinen Friedhofsnächten alles nur mögliche gesehen haben muß. »Wird der Sabbat vom ersten Strahl der aufgehenden Sonne überrascht, flüchten alle Hexen und Vampire, Inkuben und Sukkuben und verwandeln sich in Käuzchen, Fledermäuse oder andere Arten von Chiroptera. In solcher Gestalt, wie ich festzustellen Gelegenheit hatte, verlieren sie ihre gewohnte Unverwundbarkeit. Dann können wir mit dieser versteckten Falle das Hexenweib fangen.«

»Ich verlasse mich auf Eure Worte, guter Mann. Nun denn, ans Werk!«

Alles geht nach dem Plan des Totengräbers: zumindest entnehmen wir dies der Tatsache, daß des Königs Hand sich auf das *Rad* legt, dies geheimnisvolle Arkanum, das sowohl den Reigen der tiergestalten Geister wie die behelfsmäßig gebaute Falle (die Hexe hat sich darin verfangen in Gestalt einer widerlichen gekrönten Fledermaus und mit ihr zwei Lemuren, ihre Sukkuben, die in dem ausweglosen Rade trippeln)

wie schließlich auch die Abschußrampe bedeuten kann, auf welcher der König das infernalische Wild in eine Kapsel gesperrt hat, um es auf eine Flugbahn ohne Wiederkehr zu schießen und so das irdische Gravitationsfeld, das dir alles, was du in die Luft wirfst, wieder auf den Kopf zurückfallen läßt, davon freizumachen und es womöglich auf den vagen Gefilden des *Monds* abzuladen, der schon allzu lange das Treiben der Werwölfe, die Geschlechter der Stechfliegen und die Menstruationen regelt und dabei noch vorgibt, sich unbefleckt, rein und blütenweiß zu erhalten. Der Erzähler blickt gespannt auf die Kurvenlinie, die die *zwei Münzen* verbindet, als verfolge er die Flugbahn von der Erde zum Mond, seines Wissens der einzige Weg, um das Ausgefallene radikal aus seinem Horizont zu verbannen, vorausgesetzt, die von ihrem Götterthron gestürzte Selene findet sich mit dem Rang einer himmlischen Müllverwahrerin ab.

Ein Aufschrecken. Ein Blitz zerreißt die Nacht hoch über dem Walde, dort, wo die helle Stadt liegt, die augenblicklich ins Dunkel taucht, als wäre der Blitz ins königliche Schloß gefahren und hätte dessen höchsten *Turm* gekappt, der an die Wolken über der Metropole kratzt, oder als hätte ein Kurzschluß in den überlasteten Anlagen der Großzentrale die Welt ins Blackout getaucht.

»Kurzschlußnacht, lange Nacht«, diese unheilschwangere Redensart kommt dem Totengräber und auch uns allen in den Sinn, wenn wir uns die Ingenieure (ganz wie im ersten Arkanum, genannt *Der Pagat*) vorstellen, die sich jetzt abmühen, das große Mechanische Gehirn auseinanderzunehmen, um im Gewirr der Rädchen, Spulen, Elektroden, Krimskrams den Schaden zu entdecken.

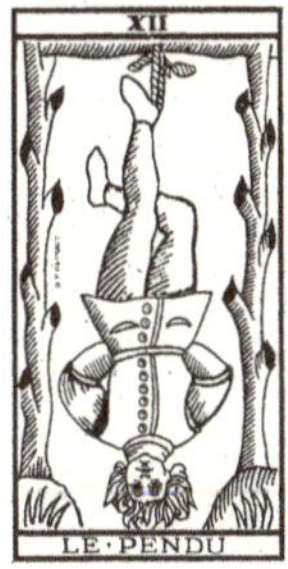

In dieser Erzählung werden dieselben Karten mit verschiedenen Bedeutungen gelesen und nochmal gelesen; die Hand des Erzählers zittert krampfhaft und zeigt noch einmal auf den *Turm* und den *Gehenkten*, als wollte er, daß wir uns anstrengen sollen, auf den unscharfen Telefotos eines Boulevardblattes die Zeugnisse eines grausigen Geschehens zu erkennen: eine Frau, die aus schwindelnder Höhe in die Leere zwischen den Fassaden der Wolkenkratzer hinabstürzt. Auf dem ersten der beiden Bilder ist der Sturz gut wiedergegeben mit dem Herumfuchteln der Hände, dem sich umstülpenden Rock, der Simultaneität der wirbelnden Doppelfigur; auf dem zweiten ist mit dem Detail der sich in den Drähten verfangenden Füße, ehe der Körper auf dem Boden zerschmettert, die Ursache des Stromausfalls erklärt.

Und so können wir das tragische Ereignis im Geiste mit des Narren atemloser Stimme rekonstruieren, der zum König rennt: »Die Königin! Die Königin! Knall und Fall kam sie runter! Weißglühend! Denk an einen Meteor. Jetzt will sie die Flügel ausbreiten. Nein, ihre Fänge sind gefesselt! Kopfüber abwärts! Verfängt sich in den Drähten, und da hängt sie jetzt. Ausgespannt in Höhe der Hochspannung. Fuchtelt, knistert, prasselt, schüttelt sich! Streckt alle viere, die königlichen Flughäute unserer hochgeliebten Majestät! Da baumelt sie mausetot ...«

Tumult bricht aus. »Die Königin ist tot! Unsere gute Herrin! Sie hat sich vom Sims gestürzt! Der König hat sie in den Tod getrieben! Rache!« Von überall strömen die Menschen herbei, zu Fuß und zu Pferd, ausgerüstet mit *Schwertern, Stäben, Münzen,* stellen *Pokale* vergifteten Blutes als Lockköder auf. »Das ist ein Werk von Vampiren! Der König ist ein Vampir! Fangt ihn!«

ZWEI GESCHICHTEN, WO MAN SUCHT UND SICH DARIN VERLIERT

Die Gäste der Taverne geben sich Stöße vor dem Tisch, der sich nach und nach mit Karten bedeckt hat, weil sie sich abrackern, ihre Geschichten dem Gemenge der Tarockkarten zu entnehmen, und je verwirrter und aberwitziger die Geschichten werden, um so eher finden die verstreuten Karten ihren Platz in einem geordneten Mosaik. Ist dies Muster nur ein Zufallsergebnis oder setzt es einer von uns geduldig zusammen?

Da ist beispielsweise ein alter Herr, der mitten im Durcheinander seine nachdenkliche Ruhe wahrt und jedesmal vor dem Ablegen einer Karte genau wägt, als sei er in eine Aufgabe vertieft, von der er nicht weiß, ob sie ihm gelingt, eine Zusammenfügung von an sich unbedeutenden Elementen, aus der sich jedoch plötzlich ein überraschendes Resultat ergeben könnte. Der weiße wohlgepflegte Professorenbart, der ernste Blick, der nur einen Hauch von Unruhe preisgibt, das sind einige der Merkmale, die er mit der Figur des *Münzenkönigs* gemein hat. Dieses sein Konterfei, zusammen mit den *Pokal-* und *Gold*karten, die ihn umgeben, könnten ihn als Alchemisten ausweisen, der sein Leben damit verbracht hat, die Zusammensetzung der Elemente und ihre Metamorphosen zu erforschen. In den Destillierkolben und Ampullen, die ihm der *Pokalbube* reicht, sein Famulus oder Assistent, beobachtet er das Aufwallen von Flüssig-

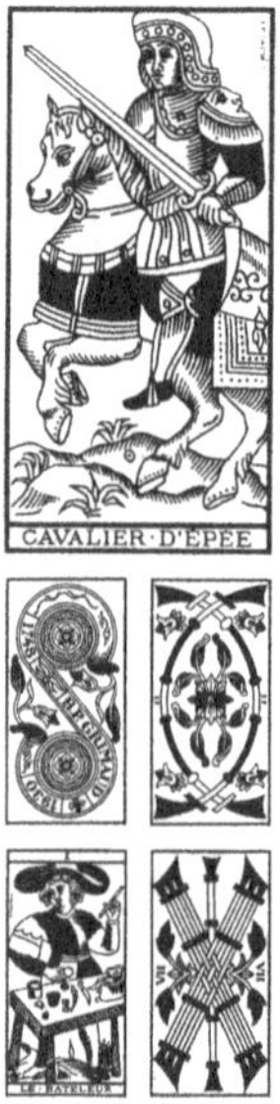

keiten, dicht wie Urin und gefärbt von den Reagenzien, Wolken von Indigo oder Zinnober, von denen sich die Moleküle des Königs der Metalle ablösen sollen. Doch die Erwartung ist vergebens, was sich unten in den Behältern absetzt, ist nur Blei.

Jedermann weiß oder müßte doch wissen, daß des Alchemisten Experimente Fiasko erleiden, wenn er aus Gier nach Reichtum das Geheimnis des Goldes ergründen will: statt dessen muß er sich von allem Egoismus und aller Begrenzung auf das Persönliche freimachen, muß eins werden mit den Kräften, die sich auf der Dinge Grund bewegen, und auf die erste echte Verwandlung, nämlich die seiner selbst, werden die anderen fügsam folgen. Nachdem unser bejahrter Tischgenosse seine besten Jahre diesem Großen Werk gewidmet, ist er auch jetzt, mit einem Päckchen Tarockkarten in der Hand, Äquivalent des Großen Werks, das er komponieren will, indem er die Karten zu einem Quadrat ordnet, wo man von oben nach unten und von links nach rechts und umgekehrt alle Geschichten einschließlich der seinen zu lesen imstande wäre. Doch wenn ihm scheint, die Geschichten der andern ins Lot gebracht zu haben, wird er gewahr, daß seine eigene verlorengegangen ist.

Nicht nur er sucht in der Abfolge der Karten den Weg zu einer Veränderung in seinem Innern, die sich der Außenwelt mitteilen soll. Da ist auch einer, der es mit der schönen Unbekümmertheit der Jugend darauf ankommen läßt, sich mit der forschesten Kriegergestalt des ganzen Spiels, dem *Schwertreiter* zu identifizieren und den schärfsten *Schwert*karten und den spitzesten *Stab*karten zu begegnen, nur um sein gestecktes Ziel zu erreichen. Doch er wird einen

langen Umweg machen (wie das Schlangenzeichen der *Münzen-Zwei* andeutet) und den höllischen Mächten *(Der Teufel)* Paroli bieten müssen *(Schwert-Zwei)*, die der Magier Merlin *(Der Pagat)* in den Wald von Broceliande *(Stab-Sieben)* beschworen hat, um schließlich in der Tafelrunde *(Pokal-Zehn)* des Königs Artus *(Schwertkönig)* und an jenem Platz akzeptiert zu werden, den einzunehmen bislang noch kein Ritter für würdig befunden ward.

Bei genauer Betrachtung müßte ebenso des Alchemisten wie des fahrenden Ritters Ziel das *Pokal-As* sein, das für den einen das Phlogiston oder den Stein der Weisen oder das Lebenselexier enthält, für den andern der vom Roi Pêcheur behütete Talisman, die geheimnisvolle Schale ist, deren erster Dichter keine Zeit mehr fand, uns zu erklären, was sie war – oder es gar nicht sagen wollte – und die seither Ströme von Tinte und Mutmaßungen verschüttet, diese zwischen der römischen und keltischen Religion immerfort umstrittene Kruke. (Vielleicht wollte der Troubadour aus der Champagne eben dies: den Streit zwischen dem *Papst* und dem Druiden-*Eremiten* fortdauern lassen. Kein besserer Ort, um ein Geheimnis zu wahren als ein unvollendeter Roman.)

Demnach war das Problem, dessen Lösung unsere beiden Tischgenossen dadurch erreichen wollten, daß sie die Karten um das *Pokal-As* herumlegten, das Große Alchemistische Werk und die Gralssuche in einem. Auf denselben Karten können sie jeweils die einzelnen Etappen ihrer Kunst oder ihres Abenteuers wiedererkennen: in der *Sonne* das Gestirn des Goldes oder auch die Unschuld des kriegerischen Knaben, im *Glücksrad* die immerwährende Bewegung oder auch den Zauber des Waldes, im *Gericht* den Tod und die Wiederauferstehung (der Metalle wie der Seele) oder auch den Himmelsruf.

Da dem so ist, laufen beide Geschichten stets Gefahr, sich ineinander zu verhaken, wenn man ihren Mechanismus nicht offenlegt. Alchemist ist, wer die Umwandlungen der Materie damit bewirken will, daß er sich bemüht, seine Seele unverderblich und lauter wie Gold werden zu lassen; doch da braucht nur ein Doktor Faust zu kommen, der die Alchemistenregel umkehrt, die Seele zum Tauschobjekt macht und hofft, daß solchermaßen die Natur unverderblich werde und man kein Gold mehr zu suchen brauche, weil alle Elemente gleich kostbar sein werden, die Welt aus Gold und Gold die Welt. So ist auch der ein fahrender Ritter, der seine Handlungen einem absoluten und strengen Moralgesetz unterwirft, damit das Naturgesetz den Überfluß auf Erden mit vollkommenem Ablaß bewahre; doch versuchen wir, uns einen Perceval-Parzival-Parsifal vorzustellen, der die Regeln der Tafelrunde ins Gegenteil verkehrt: die Rittertugenden werden bei ihm ungewollt als Gabe der Natur in Erscheinung treten wie die Farben auf den Schmetterlingsflügeln, und da er solcherart seine Taten mit staunender Unbekümmertheit vollbringt, wird es ihm womöglich gelingen, die Natur seinem Wollen unterzuordnen, die Kenntnis der Welt wie ein Ding zu besitzen, Magier und Wundertäter zu werden, die Wunde des Roi Pêcheur vernarben zu lassen und dem verödeten Land seine grüne Lymphe wiederzubeschaffen.

Das Kartenmosaik, das wir hier gebannt betrachten, ist also Die Tat oder Die Suche, die man zu Ende

führen möchte, ohne tätig zu sein oder zu suchen. Doktor Faust ist es leid geworden, von den langsamen in seinem Innern sich vollziehenden Veränderungen die unvermittelten Metamorphosen der Metalle abhängen zu lassen, er bezweifelt das Wissen, das sich in seinem einsamen *Eremiten*-Leben ansammelt, er ist von den Fähigkeiten seiner Kunst ebenso enttäuscht wie von der Trödelei mit den einzelnen Tarockkombinationen. In diesem Augenblick erhellt ein Blitz seine kleine Klause hoch im *Turm*. Vor ihm erscheint jemand mit einem breitkrempigen Hut, wie ihn die Studenten zu Wittenberg tragen: vielleicht ein fahrender Kleriker oder ein Scharlatan-*Pagat*, ein Jahrmarktszauberer, der auf einer Bank sein Labor von schlecht sortierten Tiegeln aufgestellt hat.
»Meinst du vielleicht, du kannst meine Kunst nachäffen?« wird der echte Alchemist den Betrüger angeredet haben. »Was für eine Suppe rührst du da in deinen Töpfen?«
»Die Suppe, die am Anbeginn der *Welt* gewesen«, mag der Unbekannte geantwortet haben, »aus der die Kristalle und die Pflanzen und die Tiergattungen und das Geschlecht des Homo sapiens ihre Form erhielten!« Und was er sagt, zeigt sich durchsichtig in der Materie, die in einem glühenden Schmelztiegel kocht, so, wie wir es jetzt auf dem einundzwanzigsten Arkanum betrachten. Auf dieser Karte, die von allen Tarocks die höchste Zahl und in den Berechnungen der Spieler den höchsten Punktwert hat, schwebt nackt und myrtenumkränzt eine Göttin, vielleicht die Venus; und die vier Gestalten um sie herum erscheinen als ehrfürchtige Symbolfiguren jüngeren Datums, aber das mag vielleicht nur eine kluge

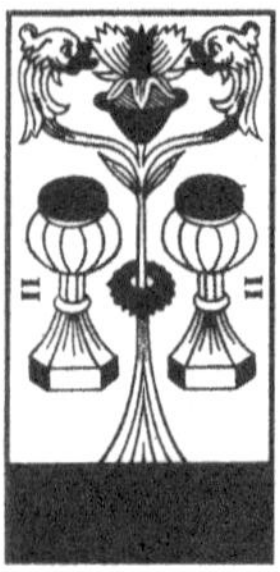

Tarnung anderer Schemen sein, die mit dem Triumph der Göttin dort in der Mitte nicht ganz so unvereinbar sind, womöglich Zentauren, Sirenen, Harpyien, Gorgonen, die über die Welt regierten, noch bevor die Autorität des Olymp sie sich untertan machte, oder gar Dinosaurier, Mastodonten, Pterodaktylen, Mammuts, alles Proben der Natur, bevor sie sich – niemand weiß, wie lange noch – mit der menschlichen Vorherrschaft abfand. Andere wieder sehen in der zentralen Figur nicht eine Venus, sondern den Hermaphroditen schlechthin, Symbol der Seelen, die das Zentrum der Welt erreichen, den Kulminationspunkt auf dem Weg, den der Alchemist durchschreiten muß.

»Demnach kannst du auch Gold machen?« hat wohl der Doktor gefragt; und der andere:

»Sieh her!« und muß ihn geblendet haben mit der Sicht von Panzertruhen, die überquollen von hausgemachten Barren.

»Kannst du mir auch die Jugend wiedergeben?«

Da zeigt ihm der Versucher das Arkanum *Liebe*, wo sich Faustens Geschichte mit der des Don Juan Tenorio verquickt, auch sie mit Sicherheit im Netz der Tarocks verborgen. »Was willst du dafür haben, wenn du mir das Geheimnis abtrittst?«

Die Karte der *Pokal-Zwei* ist ein Aide-mémoire für das Geheimnis, Gold zu machen: und man kann sie auslegen als Geister des Schwefels und des Quecksilbers, die sich trennen, oder als Vereinigung von Sonne und Mond oder als Kampf des Festen mit dem Flüssigen, Rezepte, die man in allen Traktaten liest, doch zu ihrem Gelingen kannst du ein ganzes Leben damit zubringen, auf deine Öfchen zu blasen, und kommst doch nicht zu Rande.

Es scheint, als sei unser Tischgenosse selber damit befaßt, in den Tarockkarten eine Geschichte zu entschlüsseln, die sich in seinem Innern vollzieht. Aber im Augenblick sieht es wirklich nicht so aus, als könnte man unvorhergesehene Dinge erwarten: die *Münzen-Zwei* deutet in geschwinder eindrucksvoller Graphik auf einen Wechsel, ein Tauschgeschäft, ein Do-ut-des; und da der Gegenposten dieses Wechsels nichts anderes als die Seele unseres Tischgenossen sein kann, erkennen wir gern deren naive Allegorie in der fließenden Flügelgestalt der *Mäßigkeit*; und wenn es der Seelenhandel ist, auf den es der üble Hexer abgesehen hat, kann es keinen Zweifel mehr an seiner Identität als *Teufel* geben.

Mit Mephistos Hilfe wird jeder Wunsch Faustens augenblicks erfüllt. Oder, um die Dinge gleich beim Namen zu nennen, Faust erhält das goldene Äquivalent für das, was er sich wünscht.

»Und du bist nicht zufrieden?«

»Ich dachte, Reichtum sei das andere, das Vielfältige, das Wechselbare, und ich sehe doch nichts als gleichförmige Metallstücke, die gehen und kommen und sich häufen und zu nichts anderm taugen als sich immer gleichförmig zu multiplizieren.«

Alles, was seine Hände berühren, verwandelt sich in Gold. Also vermengt sich die Geschichte des Doktor Faustus auch mit derjenigen des Königs Midas auf der Karte des *Münzen-Asses*, die eine zum Globus aus massivem Gold gewordene Erdkugel darstellt, verdorrt in ihrer Geldabstraktion, ungenießbar und unbewohnbar.

»Bereust du es schon, den Pakt mit dem Teufel unterschrieben zu haben?«

Nicht doch, der Irrtum bestand darin, eine einzige Seele gegen ein einziges Metall einzutauschen. Nur wenn sich Faust mit vielen Teufeln zu gleicher Zeit kompromittiert, wird er seine mehrfache Seele retten, wird er Goldkörnchen auf dem Grunde der plastischen Materie finden, wird er Venus an Zyperns Gestade immerfort wiedererstehen sehen, wie sie die Ölflecken, den Schaum von Waschmitteln beseitigt ...

Das siebzehnte Arkanum kann die Geschichte des Doktors der Alchemie beschließen, kann aber ebenso gut die Geschichte des Abenteuerhelden damit beginnen, daß sie seine Geburt unter dem schönen *Stern* illustriert. Als Kind eines unbekannten Vaters und einer entthronten, umherirrenden Königin trägt Parsifal das Geheimnis seiner Herkunft mit sich herum. Damit er nichts Näheres darüber erfahre, hat ihm seine Mutter (die gewiß ihre guten Gründe dafür hatte) beigebracht, niemals Fragen zu stellen, hat ihn in der Einsamkeit aufgezogen und ihm so die harte Lehrzeit des Rittertums erspart. Doch auch durch die struppige Heide irren die fahrenden Ritter, und ohne erst lange zu fragen, schließt sich der Knabe ihnen an, ergreift die Waffen, steigt in den Sattel und bringt die allzu lange beschützende Mutter unter die Hufe seines Pferds.
Ein Kind der Schuld, ein Muttermörder ohne Wissen und bald in eine gleichermaßen verbotene Liebe verstrickt, durchläuft Parsifal unbeschwert in völliger Unschuld die Welt. Er weiß nichts, was man wissen muß, um auf der Welt zu leben, und hält sich an die ritterlichen Regeln, weil es ihn so ankommt. Und

strahlend in heller Unwissenheit durchläuft er das von dunklem Bewußtsein belastete Lande.

Trostlose Gefilde breiten sich auf dem Tarock *Der Mond* aus. Am Rande eines toten Gewässers steht eine Burg, auf deren *Turm* ein Fluch niedergegangen ist. Hier lebt Amfortas, der Roi Pêcheur, den wir jetzt sehen, er ist alt und gebrechlich und greift an eine Wunde, die sich nicht schließen will. Solange diese Wunde nicht heilt, solange wird sich das Rad der Wandlungen nicht wieder rühren, das vom Licht der Sonne bis zum Grün der Blätter, bis zu den Festesfreuden bei der Tagundnachtgleiche im Frühling geht.

Vielleicht besteht die Sünde des Königs Amfortas in einer angestauten Kenntnis, in einem verkümmerten Wissen, womöglich verwahrt auf dem Grunde des Gefäßes, das Parsifal in Prozession über die Burgtreppe tragen sieht, und er möchte wissen, was es ist, und schweigt doch. Parsifals Stärke besteht darin, so neu auf der Welt zu sein und so sehr damit beschäftigt zu sein, daß er auf der Welt ist, weshalb es ihm nie in den Sinn kommt, zu fragen, was er sieht. Doch würde eine Frage von ihm genügen, eine erste Frage, um die Frage all dessen herauszufordern, was auf der Welt niemals gefragt hat, und da löst sich schon in den Krügen der Grabungen der verkrustete Bodensatz der Jahrhunderte, die zwischen den tellurischen Schichten erdrückten Ären laufen wieder ab, die Zukunft gewinnt ihre Vergangenheit wieder zurück, der seit Jahrtausenden in den Torfmooren begrabene Blütenstaub aus den Jahren des Überflusses fliegt wieder auf, erhebt sich über den Staub der trockenen Jahre...

Ich weiß nicht, wie lange (Stunden oder Jahre) Faust und Parsifal schon damit befaßt sind, Tarock um Tarock ihre Wege auf dem Tisch der Taverne nachzuvollziehen. Doch allemal, wenn sie sich über die Karten beugen, liest sich ihre Geschichte auf eine andere Art, erfährt Korrekturen, Varianten, bekommt die Stimmungen des Tages und den Lauf der Gedanken zu spüren, pendelt zwischen zwei Polen: dem Alles und dem Nichts.

»Die Welt existiert nicht«, ist Faustens Folgerung, wenn das Pendel das andere Extrem erreicht hat, es gibt kein ganz auf einmal gegebenes Ganzes: es gibt eine endliche Zahl von Elementen, deren Kombinationen sich zu Milliarden und Abermilliarden multiplizieren, doch von diesen finden nur wenige Form und Sinn und behaupten sich inmitten eines Staubes ohne Sinn und Form; wie die achtundsiebzig Karten des Tarocks, bei deren Aneinanderreihung Abfolgen von Geschichten erscheinen, die sich sofort auflösen.

Während dies Parsifals (stets provisorische) Schlußfolgerung wäre: »Der Kern der Welt ist leer, das Prinzip dessen, was sich im Universum bewegt, ist der Raum des Nichts, um das Nichtvorhandensein herum entsteht das, was ist, auf dem Grunde des Gral ist das Tao«, und er zeigt auf das von Tarockkarten umschlossene leere Rechteck.

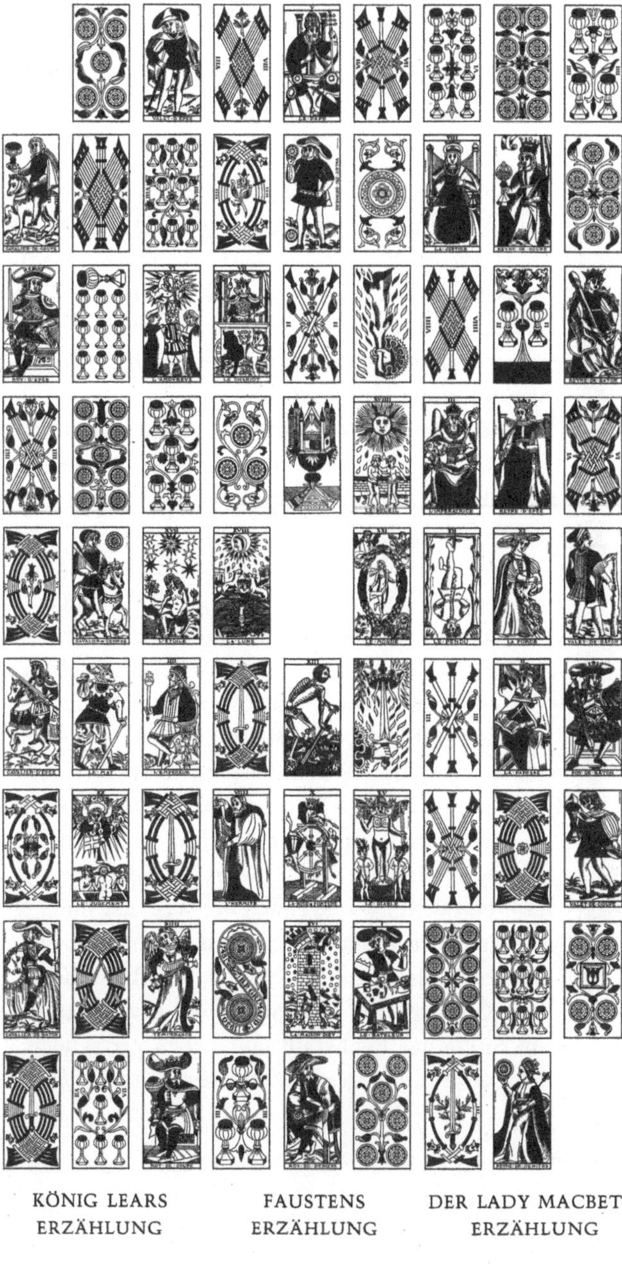
HAMLETS ERZÄHLUNG
DES ÖDIPUS ERZÄHLUNG
JUSTINES ERZÄHLUNG
DES UNSCHLÜSSIGEN ERZÄHLUNG
PARSIFALS ERZÄHLUNG
DES KRIEGERS ERZÄHLUNG
DER RIESIN ERZÄHLUNG
DES TOTENGRÄBERS ERZÄHLUNG
DES SCHRIFTSTELLERS ERZÄHLUNG
KÖNIG LEARS ERZÄHLUNG
FAUSTENS ERZÄHLUNG
DER LADY MACBETH' ERZÄHLUNG

AUCH ICH VERSUCHE, DIE MEINIGE ZU ERZÄHLEN

Ich öffne den Mund, versuche, ein Wort zu artikulieren, bringe nur einen Laut hervor, jetzt müßte ich die meinige erzählen, es ist klar, daß die Karten dieser beiden auch die Karten meiner Geschichte sind, jener Geschichte, die mich hergebracht hat, eine Reihe übler Begegnungen, die vielleicht auch nur eine Reihe verfehlter Begegnungen war.
Um anzufangen, muß ich die Aufmerksamkeit auf eine Karte lenken, die *Stabkönig* heißt. Man sieht dort eine Persönlichkeit sitzen, und die könnte, falls sie sonst keiner in Anspruch nimmt, ganz gut ich sein: um so eher, als sie einen zugespitzten Gegenstand nach unten hält, wie ich es ja in diesem Augenblick tue, und wenn man dies Ding genau betrachtet, sieht es wirklich wie ein Griffel oder ein Federkiel oder ein gut gespitzter Bleistift oder ein Kugelschreiber aus, und kommt es übermäßig groß heraus, dann ist das wohl, um die Wichtigkeit zu verdeutlichen, die besagtes Schreibgerät im Leben besagter sitzender Persönlichkeit einnimmt. Nach meiner Kenntnis ist gerade der aus der Spitze dieses Zweigroschenzepters kommende schwarze Faden der Weg, der mich bis zu dieser Stelle gebracht hat, und folglich ist es nicht ausgeschlossen, daß *Stabkönig* die mir zukommende Anrede ist und in diesem Fall die Bezeichnung *Stab* im Sinne des Buchstabenaufstrichs verstanden werden muß, ein erstes Lallen dessen, der sich durch

Niederschrift von Zeichen mitzuteilen versucht, oder auch im Sinne der Pappelhölzer, aus denen man die weiße Zellulose rührt und davon Ries um Ries die Seiten zieht, die darauf warten (und schon wieder kreuzen sich die Bedeutungen), traktiert zu werden.

Die *Münzen-Zwei* ist auch für mich ein Zeichen für Tausch, für den Tausch, der in jedem Zeichen steckt, angefangen vom ersten derart hingesetzten Krakel, daß er sich von den andern Krakeln des ersten Schreibers unterscheidet, Schriftzeichen, das mit dem Tausch anderer Ware verwandt ist, nicht umsonst von den Phönikern erfunden und miteinbezogen wurde in den Lauf des Umlaufenden gleich den Goldmünzen, Buchstabe, der nicht buchstabengetreu zu nehmen ist, Buchstabe, der an Wert die Werte übersteigt, die ohne Buchstaben nichts wert sind, Buchstabe, der immer bereit ist, über sich selbst hinauszuwachsen und sich mit den Blüten des Sublimen zu bekränzen, schau nur her, wie er an seiner bedeutungsreichen Oberfläche historisiert und aufgeblüht ist, Buchstabe, Grundelement der Schönen Literatur, dabei doch stets mit seinen sinnvollen Schlingen den Bedeutungsumlauf umschlingend, Buchstabe S, der sich schlängelt, um zu sagen, daß er bereit ist, Bedeutungen zu bedeuten, bedeutungsvolles Zeichen, das die Gestalt eines S besitzt, damit seine Bedeutungen auch S-Form erhalten.

Und all diese *Pokale* sind nichts andres als ausgetrocknete Tintenfässer, die darauf warten, daß in der Dunkelheit der Tinte die Dämonen, die höllischen Mächte, die Butzemänner, die Hymnen an die Nacht, die Blumen des Bösen, die Herzen der Finsternis auftauchen oder daß der melancholische Engel herab-

schwebt, der die Seelenzustände destilliert und Gnaden und Epiphanien ausgießt. Doch nichts geschieht. Der *Pokalbube* gibt mich wieder, wie ich mich vorbeuge, um das Innere meiner Hülle zu erforschen; und ich mache keinen zufriedenen Eindruck: soviel ich auch schüttele und quetsche, die Seele ist ein ausgetrocknetes Tintenfaß. Welcher *Teufel* mag sie wohl in Zahlung nehmen, um mir das Gelingen des Werks zu garantieren?

Der Teufel müßte doch die Karte sein, der man in meinem Beruf am häufigsten begegnet: ist nicht das Rohmaterial zum Schreiben ein einziges Auftauchen von zottigen Krallen, Hundeschnappen, Bockstößen, verhinderten Gewalttätigkeiten, die im Dunkeln wuseln? Doch kann man die Sache auf zweierlei Art betrachten: daß dieses dämonische Umtreiben im Innern von Personen in der Einzahl und in der Mehrzahl, in den Dingen, die getan und als getan geglaubt werden und in den Worten, die gesagt und als gesagt geglaubt werden, eine Art des Tuns und des Sagens sei, die sich nicht schickt, und man das alles tunlichst unterdrücken oder aber, da gerade dies die größte Bedeutung habe und da es nun mal da sei, man es am besten herauslassen solle; zwei Arten, die Sache zu betrachten, im übrigen verschiedentlich miteinander vermengt, denn es wäre beispielsweise möglich, daß das Negative negativ, doch notwendig ist, weil sonst das Positive nicht positiv ist, oder auch, daß es gar nicht negativ ist, während das einzige Negative allenfalls das ist, was man für positiv hält.

In diesem Fall bleibt dem Schreibenden nur noch, einem unvergleichlichen Vorbild nachzustreben: dem Marquis, der so diabolisch ist, daß man ihn göttlich nennt, und der das Wort so weit getrieben hat, die schwarze Grenzmarke des Denkbaren zu erkunden. (Die Geschichte, die wir dann in diesen Tarocks zu lesen versuchen müßten, wäre die Geschichte von zwei Schwestern, die *Pokalkönigin* und *Schwertkönigin* sein könnten, die eine engelgleich, die andere pervers. Im Kloster, wo die erste den Schleier genommen, macht ein *Eremit* sie sich gefügig, kaum daß sie sich umgedreht hat, und nutzt hinterrücks ihre Grazien; wie sie sich darüber beschwert, sagt ihr die Äbtissin oder *Päpstin*: »Du kennst die Welt nicht, Justine: die Macht der *Münzen* und des *Schwerts* genießt es vor allem, die andern Menschen zu Dingen zu machen; die Vielfalt der Freuden ist ebensowenig limitiert wie die Kombinationen der bedingten Reflexe; es geht nur um die Feststellung, wer die Reflexe auslöst. Deine Schwester Juliette kann dich in die wechselhaften Geheimnisse der *Liebe* einweihen: von ihr kannst du lernen, daß es welche gibt, die es genießen, das *Rad* der Martern in Bewegung zu halten, und welche, die es mögen, ein an den Füßen *Gehenkter* zu sein.«)

All dies ist wie ein Traum, den das Wort in sich birgt, wenn es durch den Schreibenden hindurchgeht, sich und ihn befreit. Was aus der Schrift spricht, ist das Zurückgehaltene. Also könnte *Der Papst* mit dem weißen Bart der große Seelenhirte und Traumdeuter Sigismund von Vindobona sein, und um dies bestätigt zu bekommen, braucht man nur zu erforschen, ob es einem gelingt, von irgendeiner Seite des Tarockquadrats aus die Geschichte zu lesen, die sich seiner Lehre zufolge im Gefüge aller Geschichten verbirgt. (Nehmen wir einen jungen Mann, den *Münzenbuben*,

der eine düstere Prophezeiung von sich abwenden will: Vatermord und Heirat der eigenen Mutter. Lassen wir ihn auf einem reichverzierten *Wagen* ausziehen und sein Glück versuchen. Die *Stab-Zwei* deutet auf eine Kreuzung an der staubigen Hauptstraße: es ist sogar Die Kreuzung schlechthin, und wer schon einmal dagewesen ist, erkennt auch die Stelle wieder, an der sich die Straße nach Korinth mit der nach Theben kreuzt. Das *Stab-As* bezeugt eine Straßenschlägerei, sogar eine recht triviale, wenn etwa zwei Karren sich nicht ausweichen wollen und die Radnaben sich ineinanderklemmen und die Fuhrleute staubbedeckt, wütend, nach Kärrnerart grölend herunterspringen, sich beschimpfen und den Vater und die Mutter des andern ein Rindvieh und eine Sau nennen; und wenn einer dann eine Stichwaffe aus der Tasche zieht, bleibt leicht ein Toter auf der Strecke. Tatsächlich haben wir hier das *Schwert-As*, den *Narren* und den *Tod*: der Unbekannte, der aus Theben kam, liegt am Boden, soll er lernen, sich zu beherrschen, du, Ödipus, hast es nicht vorsätzlich getan, das wissen wir, es war ein Raptus, immerhin hast du dich mit der Waffe auf ihn gestürzt, als hättest du dein Lebtag auf nichts anderes gewartet. Unter den Karten, die danach kommen, ist *Das Glücksrad* oder die Sphinx, ist der Einzug in Theben gleich einem triumphierenden *Kaiser*, sind die *Pokale* des Hochzeitsmahls mit Königin Iokaste, die wir als *Münzenkönigin* im Witwengewand hier abgebildet sehen, eine begehrenswerte, obschon reife Frau. Aber die Prophezeiung geht in Erfüllung: die Pest befällt Theben, eine Wolke von Bazillen legt sich auf die Stadt, durchflutet Straßenzüge und Häuser mit Mias-

men, rote und blaue Beulen sprießen aus den Leibern der Menschen, die auf den Straßen umfallen und die verdorrten Lippen mit dem Wasser der Pfützen netzen. In derartigen Fällen kann man sich nur an die delphische Sibylle wenden, damit sie kundtue, welche Gesetze oder Tabus gebrochen wurden: die Alte mit der Tiara und dem geöffneten Buch und dem merkwürdigen Etikett *Die Päpstin*, das ist sie. Wenn man will, kann man in dem *Gericht* oder *Engel* genannten Arkanum die Urszene erkennen, auf die sich die Sigmundsche Traumlehre beruft: das zarte Engelchen, das nachts aufwacht und durch die Traumwolken die Erwachsenen sieht, von denen es nicht weiß, was sie treiben, alle nackt, in unbegreiflichen Stellungen, Mama, Papa und auch Gäste. Im Traum spricht das Schicksal. Wir können nichts anderes als davon Kenntnis nehmen. Ödipus, der keine Ahnung hatte, beraubt sich seines Augenlichts: der Tarock des *Eremiten* zeigt im Wortsinn, wie er sich ein Licht aus den Augen nimmt und mit Pilgermantel und Pilgerstab auf den Weg nach Kolonos begibt.)

Die Schrift verweist auf all dies ebenso wie das Orakel und läutert ebenso wie die Tragödie. Also braucht man das nicht zum Problem zu erheben. Also hat die Schrift einen Untergrund, der zur Art gehört oder wenigstens zur Kultur oder wenigstens zu bestimmten Einkommenskategorien. Und ich? Und all das viele oder wenige an ganz und gar Eigenem, das ich hineinzulegen glaubte? Wenn ich den Schatten eines Autors beschwören darf, damit er meine argwöhnischen Schritte auf den Gefilden des individuellen Schicksals, des Ichs, des (wie sie heute sagen) »Gelebten« begleite, dann sei es der des Egotisten von

Grenoble, des Provinzlers auf Welteroberung, den ich einmal las, als erwartete ich mir von ihm die Geschichte, die ich schreiben sollte (oder leben sollte: es gab da eine Konfusion der beiden Verben in ihm oder in meinem damaligen Ich). Welche von diesen Karten würde er mir weisen, falls er meinem Ruf noch folgt? Die Karten des Romans, den ich nicht geschrieben habe, mit der *Liebe* und aller treibenden Energie und den Ängsten und Irrungen, mit dem Triumph-*Wagen* des Ehrgeizes, mit der *Welt*, die dir entgegenkommt, der Schönheit, Verheißung des Glücks? Aber hier sehe ich nur Klischees von Szenen, die sich unverändert wiederholen, die tägliche Leier, die Schönheit, wie sie die Illustriertenpresse fotografiert. War dies das Rezept, das ich mir von ihm erwartete? (Für den Roman und für etwas mit dem Roman dunkel Verwandtes: »das Leben«?) Was ist es denn, was alles zusammenhielt und nun weg ist?

Ich lege einen Tarock ab und wieder einen und habe schließlich nur noch ein paar Karten in der Hand. *Der Schwertreiter, Der Eremit, Der Pagat* bin stets ich, wie zu sein ich mir jeweils vorgestellt habe, während ich doch stets dasitze und meine Feder auf und ab übers Papier führe. Auf Tintenpfaden galoppieren der kämpferische Elan der Jugend, die Existenzangst, die Abenteuerlust auf und davon, alle verausgabt in einer Schlacht von Streichungen und zerknüllten Blättern. Und auf der nächsten Karte finde ich mich wieder im Gewande eines alten Mönchs, abgesondert seit Jahren in seiner Zelle, ein Bücherwurm, der beim Laternenschein ein vergessenes Wissen in den Fußnoten und Hinweisen der Sachregister erforscht. Vielleicht ist es jetzt an der Zeit, einzugestehen, daß einzig und allein der erste Tarock mich ungeschminkt als das wiedergibt, was zu sein mir gelungen ist: Gaukler oder Taschenspieler, der auf seinen Jahrmarktstisch eine bestimmte Zahl von Figuren stellt, sie aneinanderfügt oder vertauscht und dadurch eine bestimmte Zahl von Wirkungen erreicht.

Die Taschenspielerei, Tarockkarten aneinanderzureihen und daraus Geschichten entstehen zu lassen, könnte ich auch mit Museumsbildern betreiben: zum Beispiel einen heiligen Hieronymus an die Stelle des *Eremiten* setzen, einen heiligen Georg an die Stelle des *Schwertreiters* und abwarten, was herauskommt. Gehören sie doch, wie's der Zufall wollte, zu den Motiven in der Malerei, die mich am meisten anziehen. In den Museen bleibe ich immer gern vor den Sankt Hieronymus-Bildern stehen. Die Maler zeigen den Eremiten als einen Gelehrten, der im Freien vor dem Eingang seiner Höhle sitzend, Traktate konsultiert. Nicht weit weg liegt still und friedlich ein Löwe. Warum der Löwe? Bändigt das geschriebene Wort die Leidenschaften? Oder macht es sich die Mächte der Natur gefügig? Oder findet es einen Einklang mit der Unmenschlichkeit des Universums? Oder birgt es eine Gewalt, die unterworfen, doch jederzeit bereit ist, auszubrechen, zu zerfleischen? Wie auch immer man es deuten will, die Maler des heiligen Hieronymus wollten einen Löwen in seiner Gesellschaft (wobei sie die Geschichte mit dem Dorn in der Pranke auf Grund des üblichen Quiproquo des Kopisten als gegeben hinnahmen), und so ist es für mich Genugtuung und Gewähr, sie beieinander zu sehen, zu versuchen, mich darin zu erkennen, nicht gerade im Heiligen und nicht einmal im Löwen (die sich übrigens oft ähnlich sehen), sondern in beiden zusammen, in der Gesamtheit, in Bild, Gestalten, Dingen, Landschaft.

Bei der Landschaft fügen sich die Dinge des Lesens und Schreibens zwischen Steine, Gräser, Eidechsen, werden zu Produkten und Instrumenten der mineralisch-vegetalisch-animalischen Kontinuität. Zu den Requisiten des Einsiedlers gehört auch der Totenkopf: das geschriebene Wort vergegenwärtigt stets das Verlöschen desjenigen, der geschrieben hat oder der lesen wird. Die unartikulierte Natur bezieht in ihrer Rede die Rede des Menschen mit ein.

Doch wir befinden uns wohlgemerkt nicht in der Wüste, im Dschungel oder auf der Robinson-Insel; die Stadt ist in nächster Nähe. Die Bilder von Eremiten zeigen fast immer eine Stadt im Hintergrund. Ein Druck von Dürer ist ganz mit der Stadt ausgefüllt, eine niedrige, von rechteckigen Türmen und spitzen Dächern eingekerbte Pyramide; der Heilige, hingekauert auf einer Erhebung im Vordergrund, zeigt ihr den Rücken, läßt die Augen nicht vom Buche unter der Mönchskapuze. Auf der Radierung von Rembrandt erhebt sich die hohe Stadt über den Löwen, der sich umblickt, und unten ist der Heilige, liest beglückt im Schatten eines Nußbaums unter einem breitkrempigen Hut. Des Abends sehen die Eremiten, wie die Lichter in den Fenstern angehen, und der Wind trägt in Wellen Musik von Festen herbei. Wenn sie nur wollten, sie wären binnen einer Viertelstunde wieder unter Menschen. Man mißt die Stärke des Eremiten nicht daran, wie weit weg er sich begeben hat, sondern an der kurzen Entfernung, die ihm genügt, um sich von der Stadt zu trennen, ohne sie jemals aus den Augen zu verlieren.

Oder der einsame Schriftsteller wird in seinem Arbeitszimmer dargestellt, wo man einen heiligen Hieronymus, wäre der Löwe nicht, mit einem heiligen Augustinus verwechseln könnte: das Metier des Schreibens uniformiert die einzelnen Leben, ein Mensch am Schreibpult gleicht jedem andern Menschen am Schreibpult. Aber nicht nur der Löwe, sondern auch andere Tiere kommen in die Einsamkeit des Gelehrten, diskrete Sendboten der Außenwelt: ein Pfau (bei Antonello von Messina, London), ein junger Wolf (bei Dürer, anderer Holzschnitt), ein Malteserhündchen (bei Carpaccio, Venedig).

Von Bedeutung ist bei diesen Intérieurs, wie eine gewisse Anzahl wohlunterschiedener Gegenstände sich über einen bestimmten Raum verteilt und Licht und Zeit über ihre Oberfläche gleiten läßt: gebundene Bücher, Pergamentrollen, Stundengläser, Muscheln, die von der Decke hängende Sphäre, die angibt, wie die Himmel kreisen (bei Dürer befindet sich an ihrer Stelle ein Kürbis). Die Gestalt des heiligen Hieronymus-Augustinus kann, wie bei Antonello, in der Mitte der Leinwand sitzen, doch wissen wir, daß im Porträt das Inventar miteinbezogen ist und der Raum des Zimmers den Raum des Geistes, das enzyklopädische Ideal des Intellekts, seine Ordnung, seine Klassifizierungen, seine Ruhe wiedergibt.

Oder seine Unruhe: bei Botticelli (Uffizien) wird der heilige Augustinus nervös, zerknüllt ein Blatt nach dem andern und wirft sie unter den Tisch. Auch in dem Arbeitszimmer, wo Sammlung und Ausgeglichenheit, Konzentration und Ruhe herrschen (ich bin

wieder bei Carpaccio), gibt es eine Hochspannung: die herumliegenden offenen Bücher blättern ihre Seiten von alleine um, die hängende Sphäre schwankt, das Licht fällt schräg durch das Fenster, der Hund hebt seinen Kopf. Im Raum kündigt sich ein Erdbeben an: die harmonische intellektuelle Geometrie rührt an die Grenze des Verfolgungswahnsinns. Oder ist es ein Dröhnen von draußen, das die Fenster erbeben läßt? Wie nur die Stadt der rauhen Landschaft des Eremiten einen Sinn verleiht, so ist der Arbeitsraum mit seiner Stille und Ordnung nichts anderes als der Ort, der die Oszillationen der Seismographen registriert.
Seit Jahren lebe ich nun hier abgekapselt und denke mir tausend Gründe aus, um meine Nase nicht vor die Tür zu stecken und finde doch keinen, der meiner Seele Frieden gibt. Bin ich denn drauf und dran, Ausdrucksweisen meiner selbst nachzutrauern, die mehr extrovertiert waren? Es gab ja eine Zeit, da blieb ich bei meinen Rundgängen durch die Museen stehen und verglich und befragte die Heiligen und ihre Drachen. Die Bilder des heiligen Georg haben diese gute Eigenschaft: sie lassen erkennen, daß sich der Maler freute, einen heiligen Georg in Auftrag bekommen zu haben. Weil man einen heiligen Georg malt, ohne allzu sehr an ihn zu glauben, weil man nur an das Malen glaubt und nicht an das Thema? Die Maler scheinen sich der ungefestigten Stellung des heiligen Georg stets bewußt gewesen zu sein (als Legendenheiliger dem mythischen Perseus allzu ähnlich; als mythischer Held dem kleineren Märchenbruder allzu ähnlich) und haben ihn darum immer ein wenig mit »primitivem« Auge gesehen. Doch gleichzeitig an ihn glaubend: wie eben die Maler und die Schriftsteller an

eine Geschichte glauben, die durch so viele Formen gegangen ist, und da man sie malt und wieder malt, schreibt und wieder schreibt, wird sie wahr, auch wenn sie es nicht schon gewesen ist.
Auf den Bildern der Maler zeigt der heilige Georg auch stets ein unpersönliches Gesicht, nicht anders als der *Schwertreiter* bei den Spielkarten, und sein Kampf mit dem Drachen ist eine Wappenfigur, festgenagelt in der Zeitlosigkeit, ob man ihn nun, wie bei Carpaccio, mit eingelegter Lanze von seiner Bildhälfte auf den von der anderen Bildhälfte angreifenden Drachen losgaloppieren sieht und er sich ins Zeug legt mit gesammeltem Gesichtsausdruck und gesenktem Kopf wie ein Radfahrer (ringsum, bei den Details, gibt es einen Kalender von Kadavern, deren Zersetzungsphasen den zeitlichen Ablauf der Erzählung herstellen), oder ob sich Pferd und Drache wie in einem Monogramm überlagern, etwa bei Raffael im Louvre, und der heilige Georg mit dem Speer von oben nach unten im Rachen des Ungeheuers arbeitet und mit engelhafter Chirurgie operiert (hier verdichtet sich der Rest der Erzählung in einer zerbrochenen Lanze auf der Erde und einer lieblich erschrockenen Jungfrau); oder ob in der Sequenz Prinzessin, Drache, Sankt Georg das Untier (ein Dinosaurier!) als Zentralfigur auftritt (Paolo Uccello, London und Paris) oder gar der heilige Georg den Drachen dort im Hintergrund von der Prinzessin im Vordergrund trennt (Tintoretto, London).
In allen Fällen vollbringt vor unseren Augen der heilige Georg seine Tat stets verschlossen in seinem Panzer, ohne uns etwas von sich preiszugeben: die Psychologie taugt für einen Tatmenschen nicht. An-

dererseits könnten wir sagen, daß sich die Psychologie ganz beim Drachen befindet mit seinen grimmigen Verrenkungen: der Feind, das Monster, der Besiegte besitzen ein Pathos, an das der siegende Held für sich selbst nicht im Traume denkt (oder zu zeigen sich wohl hütet). Nun ist es nur noch ein kleiner Schritt, um zu sagen, daß der Drache die Psychologie ist: er ist sogar die Psyche, er ist sein eigener dunkler Abgrund, dem Sankt Georg gegenübertritt, er ist ein Feind, der schon viele Jünglinge und Mädchen zerfleischt hat, ein innerer Feind, der zum Objekt verdammenswerter Fremde wird. Ist es die Geschichte einer in die Welt projizierten Energie oder ist es das Tagebuch einer Introversion?

Andere Gemälde zeigen die Phase danach (der auf den Boden gestreckte Drache ist ein Fleck auf der Erde, eine schlaffe Hülle), und man zelebriert die Wiederversöhnung mit der Natur, die Bäume und Felsen dazu drängt, das ganze Bild zu okkupieren, und die kleinen Gestalten des Kriegers und des Ungetüms werden in die Ecke verbannt (Altdorfer, München; Giorgione, London); oder es ist das Fest der mit neuem Leben erfüllten Gesellschaft in der Umgebung des Helden und der Prinzessin (Pisanello, Verona; Carpaccio auf seinen späteren Bildern nach dem Zyklus in S. Giorgio degli Schiavoni, Venedig). (Pathetische Selbstverständlichkeit: weil der Held ein Heiliger ist, findet keine Hochzeit, sondern eine Taufe statt.) Der heilige Georg führt den Drachen an der Leine zur Piazza, um ihm in einer öffentlichen Zeremonie den Todesstoß zu geben. Aber bei all dieser Festlichkeit der von ihrem Schrecken befreiten Stadt gibt es niemanden, der lächelt: alle machen sie ernste Gesichter. Trommeln und Trompeten ertönen, wir sind gekommen, um einer Hinrichtung beizuwohnen, das Schwert des heiligen Georg schwebt in der Luft, wir halten alle den Atem an, wir fangen an zu begreifen, daß der Drache nicht nur der Feind, der Verschiedene, der andere ist, sondern wir, daß er ein Teil von uns selbst ist, den wir aburteilen müssen.

An den Wänden der Schiavoni-Kirche zu Venedig werden die Geschichte des heiligen Georg und die des heiligen Hieronymus eine nach der anderen fortgesetzt, als wären sie eine einzige Geschichte. Vielleicht sind sie auch wirklich nur eine Geschichte, das Leben ein und desselben Menschen, Jugend, Reife, Alter und Tod. Ich muß nur noch die Fährte entdecken, die von der ritterlichen Tat bis zur Weisheit führt. Aber wenn es mir doch eben erst gelungen ist, den heiligen Hieronymus nach außen und den heiligen Georg nach innen zu kehren?

Überlegen wir einmal. Wenn man genau hinsieht, ist gemeinsames Element der beiden Geschichten ihre Beziehung zu einem wilden Tier, Drache als Feind beziehungsweise Löwe als Freund. Der Drache ist eine Bedrohung der Stadt, der Löwe eine Bedrohung der Einsamkeit. Wir können sie als einziges Tier auffassen: das wilde Tier, dem wir außerhalb wie innerhalb unserer selbst begegnen, im öffentlichen wie im privaten Bereich. Es gibt ein schuldhaftes Wohnen in der Stadt: sich den Bedingungen des wilden Tieres zu fügen und ihm unsere Kinder zum Fraße vorzuwerfen. Es gibt ein schuldhaftes Wohnen in der Einsamkeit: sich in Sicherheit zu wähnen, weil das wilde Tier wegen eines Dorns in der Pranke zahm geworden ist. Held der Geschichte ist, wer in der Stadt

den Speer in die Kehle des Drachens stößt und wer in der Einsamkeit den kraftstrotzenden Löwen an seiner Seite hat, ihn als Beschützer und häuslichen Genius akzeptiert, ohne sich dabei jedoch über seine Raubtiernatur hinwegzutäuschen.
Es ist mir also gelungen, zu einem Schluß zu kommen, und ich kann zufrieden sein. Bin ich auch nicht zu erbaulich gewesen? Ich lese es noch einmal durch. Ob ich alles zerreiße? Also, da muß zunächst einmal festgestellt werden, daß die Sankt-Georg-Sankt-Hieronymus-Geschichte keine ist, die ein Vorher und ein Nachher hat: wir befinden uns mitten in einem Raum mit Figuren, die sich alle zugleich der Betrachtung darbieten. Entweder gelingt es der Hauptperson, Krieger und Weiser in allem zu sein, was sie tut und denkt, oder sie ist ein Niemand; und dasselbe wilde Tier ist zur selben Zeit ein feindlicher Drache im täglichen Gemetzel der Stadt und ein wachender Löwe im Raum der Gedanken: man kann ihm nicht entgegentreten, wenn nicht in beiden Gestalten zugleich.
So habe ich alles ins Lot gebracht. Zumindest auf dem Papier. In meinem Innern bleibt alles wie zuvor.

DREI GESCHICHTEN VON WAHNSINN UND VERNICHTUNG

Nachdem wir nun gesehen haben, wie diese verschmierten, abgegriffenen Pappblätter zu einem Museum von Meistergemälden, einem tragischen Theater und einer Bibliothek von Heldenliedern und Romanen geworden sind, kann die stumme Wortgrübelei, die sich mählich vom Boden erheben mußte, wollte sie den Figuren der Arkana folgen, auch den Versuch unternehmen, noch größere Höhe zu gewinnen und dichter gefiederte Wortflügel, gar von der Galerie Ohrfeigen zu schlagen, wenn sich bei ihrem Rauschen die wurmstichigen Versatzstücke auf den quietschenden Brettern in Königsschlösser und Schlachtfelder verwandeln.

Die drei, die jetzt zu streiten anhuben, taten dies mit feierlichen Gesten, wirklich so, als deklamierten sie, und zeigten alle mit dem Finger auf dieselbe Karte, während sie sich mit der anderen Hand sowie mit bedeutungsreicher Mimik mitzuteilen bemühten, daß diese Figuren so und nicht anders verstanden werden müßten. Da erkennt auf der Karte, deren Name je nach Gepflogenheit und Idiom zwischen *Turm*, *Haus Gottes* und *Teufelshaus* wechselt, ein junger Mann, der ein Schwert hält – man könnte meinen –, um sich am Kopf unter dem herabfallenden blonden – jetzt weißen – Haar zu kratzen, die Glacis des Schlosses von Helsingör, dieweil das nächtliche Dunkel von einer Erscheinung aufgerissen wird, vor

der die Wachen zu Tode erschrecken: das majestätische Nähern eines Geistes, der mit seinem graumelierten Bart und glänzendem Helm und Harnisch ebenso dem *Kaiser* der Tarocks wie dem verblichenen König von Dänemark gleicht, wiedergekehrt, um *Gerechtigkeit* zu heischen. In solch fragenswerter Gestalt bieten sich die Karten den stummen Fragen des Jünglings: »Warum die Gruft, worin du eingeurnt, die schweren Marmorkiefern hat gesprengt, daß, toter Leichnam du, in vollem Stahl, aufs neu' unsre sublunare Welt besuchst, des *Mondes* Dämmerschein entstellst?«

Erregten Blickes unterbricht ihn eine Dame und will in demselben *Turm* das Schloß von Dunsinan erkennen, während die von den Hexen dunkel verkündete Rache sich ereignet: Birnams Wald rückt über die Hügelrücken herauf, Trupp um Trupp kommen die Bäume auf ihren aus dem Boden gerissenen Wurzeln, spreizen die Zweige wie bei der *Stab-Zehn* im Sturm gegen die Festung, und der Usurpator erfährt, daß es Macduff ist, der durch einen Schwertstreich Geborene, der ihm mit einem *Schwert*-streich den Kopf abschlagen wird. Und so bekommt auch das unheilvolle Kartengefüge einen Sinn: *Päpstin*, das heißt die prophezeiende Hexe, *Mond*, das heißt die Nacht, in der dreimal die gestreifte Katz' miaut und der Igel quiekt und Skorpione, Kröten, Vipern sich für die Brühe einfangen lassen, *Rad*, das heißt das Umrühren des brodelnden Kessels, worin sich Hexenmumien auflösen, Ziegengalle, Fledermaushaar, Fetushirn, Iltiseingeweide, Schwänze scheißender Affen, und auf die gleiche Weise finden die unsinnigsten Gebärden, von den Hexen in den Mischmasch mit hineingetan, früher oder später doch noch eine Bedeutung, die sie rechtfertigt, und machen Brei aus dir und deiner Logik.

Doch auf das Arkanum des Turms mit dem Blitz deutet auch zitternden Fingers ein Greis, der mit der anderen Hand die Figur des *Pokalkönigs* aufnimmt, ganz sicher, um sich zu erkennen zu geben, da seine heruntergekommene Gestalt keines dieser königlichen Attribute mehr besitzt: nichts mehr auf der Welt haben ihm seine beiden widernatürlichen Töchter gelassen (so scheint er zu sagen, als er auf die Figuren zweier grausamer gekrönter Damen zeigt und sodann auf die öde *Mond*-landschaft), und nun will man ihm auch noch widerrechtlich diese Karte entreißen, den Beweis dafür, daß er aus seinem Königsschloß vertrieben, wie ein Müllsack vor die Mauern geworfen, den tobenden Naturgewalten überlassen wurde. Nun wohnte er in Sturm, Regen und Wind, als könnte er ein anderes Zuhause nicht haben, als wäre es undenkbar, daß die Welt außer Hagel, Donner und Sturm noch anderes enthielte, als würde sein Sinn jetzt nur noch Wind' und Blitzen und Wahnsinn Wohnung geben. »Blast, Wind', und sprengt die Backen! Ihr Katarakt' und Wolkenbrüche, speit, bis ihr die Türm' ersäuft, die Wetterhähn' ertränkt! Ihr schweflichten, gedankenschnellen Blitze, Vortrab dem Donnerkeil, der Eichen spaltet, versengt mein weißes Haupt! Du Donner schmetternd, schlag' flach das mächt'ge Rund der Welt, zerbrich die Formen der Natur, verstreu' in alle Wind' die Chromosomen, die das undankbar' Geschlecht des Menschen dauern lassen!« Solchen Orkan von Gedanken lesen wir in den Augen des alten Herrschers, der da mitten unter uns sitzt, die Schul-

tern nicht mehr in den Hermelinmantel gezwängt, sondern in die Kutte des *Eremiten*, als streifte er immer noch beim Licht der Laterne schutzlos durchs Ödland, nur mit dem *Narren* als Stütze und Spiegel seines Wahns.

Für den jungen Mann von vorhin ist der *Narr* jedoch nichts weiter als die Rolle, die er sich selbst zugeteilt hat, um leichter eine Rache planen und sein durch die Kunde über seiner Mutter Gertrude und des Onkels Schuld verwirrtes Gemüt verbergen zu können. Ist's bei ihm Neurose, so ist in jeder Neurose eine Methode und in jeder Methode eine Neurose. (Wir, die wir in dieses Tarockspiel verbohrt sind, wissen das sehr wohl.) Es ist die Geschichte von den Beziehungen zwischen jung und alt, die uns Hamlet hier erzählt: je unsicherer die Jugend vor der Autorität der Erwachsenen ist, um so mehr fühlt sie sich zu einer extremen und absoluten Selbsteinschätzung gedrängt und um so mehr bleibt sie dem Druck der Familiengespenster unterworfen. Nicht geringere Verstörtheit bewirken die Jungen bei den Alten: üben einen gespenstischen Druck aus, gehen grollend mit gesenktem Kopf einher, zerren von den Alten längst begrabene Gewissensbisse wieder ans Tageslicht und verachten, was die Alten für ihren wertvollsten Besitz ansehen: die Erfahrung. Soll Hamlet also den Verrückten spielen mit hängenden Strümpfen und vor der Nase ein offenes Buch: jedes Übergangsalter ist für Geistesstörungen anfällig. Im übrigen hat seine Mutter ihn (den *Liebenden*!) dabei ertappt, wie er nach Ophelia schmachtete: die Diagnose ist prompt zur Hand, sagen wir Liebeswahnsinn, damit ist alles erklärt. Das Nachsehen wird allenfalls Ophelia haben, armer Engel: das Arkanum, das sie kennzeichnet, ist *Die Mäßigkeit* und deutet schon auf ihr aquatisches Ende.

Jetzt verkündet *Der Pagat,* daß eine Truppe von Gauklern oder fahrenden Schauspielern eingetroffen ist, um eine Vorstellung bei Hofe zu geben: eine Gelegenheit, die Schuldigen mit ihrer Schuld zu konfrontieren. Das Stück zeigt eine ehebrecherische und mörderische *Kaiserin:* erkennt Gertrude sich in ihr? Claudius flieht verstört. Von nun an weiß Hamlet, daß ihn der Onkel hinter den Vorhängen belauscht: ein guter Stoß mit dem *Schwert* durch einen sich bewegenden Vorhang, und der König müßte mausetot sein. Eine Ratte! Eine Ratte! Tot! für 'nen Dukaten, tot! Ach: nicht der König war dahinter versteckt, sondern (wovon die Karte *Der Eremit* Kunde gibt) der alte Polonius, für immer festgenagelt im Augenblick des Lauschens, armer Horcher, der gar wenig Licht zu bringen verstand. Kein Vorsatz glückt dir, Hamlet: du hast den Schatten deines Vaters nicht beruhigt und hast dein geliebtes Mädchen zur Waise gemacht. Die abstrakten Spekulationen deines Geistes sind durch deinen Charakter vorbestimmt. Nicht ohne Grund zeigt dich *Der Münzenbube* in die Betrachtung einer kreisrunden Zeichnung vertieft: womöglich das *Mandala,* Diagramm überirdischer Harmonie.

Sogar unsere am allerwenigsten zur Beschaulichkeit neigende Tischgenossin, sonst *Schwertkönigin* oder Lady Macbeth genannt, sieht beim Anblick der Karte des *Eremiten* verstört aus: vielleicht erkennt sie in ihm eine neue Geistererscheinung, den vermummten Schatten des ermordeten Banquo, der mit Mühe durch des Schlosses Gänge wankt, sich als ungeladner Gast

am Ehrenplatz des Banketts niederläßt, die blut'gen Locken in die Suppe tröpfeln läßt. Oder sie erkennt in ihm gar ihren eignen Mann Macbeth, der den Schlaf gemordet: beim Licht der Laterne besucht er nächtens die Gästezimmer, zaudernd wie eine Mücke, die ungern die Bezüge beschmutzt. »Blutige Hände und weißes Herz!« drängt und treibt ihn seine Frau, aber das heißt nicht, daß sie um vieles schlimmer ist als er: als gute Ehegatten haben sie sich in die Rollen geteilt, die Ehe ist ein Zusammentreffen zweier Egoismen, die sich gegenseitig zerbrechen, und ihre Risse reichen bis in die Grundfesten der Gesellschaft, die Pilaster des Allgemeinwohls ruhen auf den Eischalen der Vipern privater Barbarei.
Und doch haben wir gesehen, wie König Lear sich mit bedeutend mehr Wahrscheinlichkeit im *Eremiten* erkannte, der, zerlumpt und irre, die engelgleiche Cordelia sucht (ja, *Die Mäßigkeit* ist schon wieder eine verlorene Karte, diesmal allein durch seine Schuld), das von ihm unverstandene und nur um der verlogenen Gemeinheit eines Regan und Goneril zu Unrecht verstoßene Kind. Was auch immer ein Vater mit seinen Töchtern macht, er irrt. Ob die Eltern autoritär oder antiautoritär sind, keiner wird sich jemals bedanken: die Generationen sehen sich scheel an, sprechen nur miteinander, um sich mißzuverstehen, sich gegenseitig die Schuld zu geben, daß sie unglücklich heranwachsen und verbittert sterben.
Und wo ist Cordelia verblieben? Womöglich hat sie sich, ohne Obdach und Kleidung, in diese Einöde geflüchtet und trinkt Wasser aus den Gräben, und die Vögel bringen ihr Hirsekörner als Nahrung wie der Maria von Ägypten. Dies also kann das Arkanum *Der*

Stern bedeuten, in dem Lady Macbeth freilich sich selbst als Nachtwandlerin erkennt, die nächtens unbekleidet aufsteht, mit geschlossenen Augen Blutflecken an ihren Händen betrachtet und sich mit sinnlosen Waschungen müht. Dafür ist anderes vonnöten! Noch immer riecht's nach Blut; alle Wohlgerüche Arabiens würden diese kleine Hand nicht wohlriechend machen.

Einer solchen Deutung widersetzt sich Hamlet, der mit seiner Erzählung da angekommen ist, wo Ophelia (das Arkanum *Die Welt*) den Verstand verliert, Unsinnigkeiten, dummes Zeug daherplappert und durch die Wiesen irrt, mit Kränzen umwunden – von Hahnenfuß, Nesseln, Maßlieb und jener Blume von gelängter Form, der die zotigen Hirten einen deftigen Namen geben, jedoch unsere schamhaften Mädchen Totenglied nennen – und der zur Fortführung seiner Geschichte gerade diese Karte braucht, das siebzehnte Arkanum, auf dem man Ophelia am Rande eines Baches sieht, über die glasig-schleimige Strömung gebeugt, die sie sogleich ertränken und ihr Haar mit Moos grün färben wird.

Versteckt zwischen den Gräbern des Friedhofs sinnt Hamlet über den *Tod*, als er den grinsenden Schädel des Narren Yorick ergreift. (Dies also ist der runde Gegenstand, den der *Münzenbube* in der Hand hält!) Wo der bestallte *Narr* tot ist, geht der Vernichtungswahn, der in ihm seinen Auslauf und seinen Spiegel nach kodifiziertem Ritual hatte, auf die Sprache und die Handlungen der Fürsten und Untertanen über, die auch vor sich selbst ungeschützt sind. Hamlet weiß bereits, daß er überall, wo er zugreift, Schaden anrichtet: glauben sie denn, er sei nicht imstande, zu

töten? Wenn es doch das einzige ist, was er fertigbringt! Schlimm ist nur, daß er immer ein falsches Ziel erwischt: tötet man, so tötet man immer einen andern.

Zwei Schwerter kreuzen sich in einem Duell: sie scheinen gleich zu sein, doch eines ist spitz und das andere stumpf, eines ist vergiftet und das andere aseptisch. Wie es auch ausgehen mag, es sind immer die Jungen, die sich als erste abstechen, Laertes und Hamlet, die ein besseres Schicksal als Schwäger vorgesehen hätte und nicht den einen als des andern Opfer und Scharfrichter. In den *Pokal* hat König Claudius eine Perle getan, die eine Giftpille für den Neffen ist: Gertrud, trink nicht! Aber die Königin hat Durst: zu spät! Zu spät durchbohrt Hamlets Degen den König, schon geht der fünfte Akt zu Ende.

Für alle drei Tragödien bedeutet das Herankommen des Kriegs-*Wagens* eines siegreichen Königs das Fallen des Vorhangs. Fortinbras aus Norwegen landet auf der bleichen Ostseeinsel, im Schloß ist Stille, der Feldherr tritt ins Marmorgemach: das ist ja eine Leichenkammer! Entseelt die ganze dänische Königsfamilie. O überheblicher, snobistischer *Tod*! Um sie zu welchem Galaempfang in deine ausweglosen Spelunken zu laden, hast du auf einen Streich mit deinem Sense-Brieföffner den Gotha durchblätternd soviel Prominenz gemeuchelt?

Nein, es ist nicht Fortinbras: es ist der König von Frankreich, Cordelias Ehegemahl, der den Ärmelkanal überquerte, um Lear zu Hilfe zu eilen, und der die Armeen des Bastards von Loucester aus nächster Nähe bedrängt, Streitobjekt zweier rivalisierender und perverser Königinnen, aber er wird nicht mehr

rechtzeitig dasein, um den verrückten König und die Tochter aus dem Käfig zu befreien, daselbst eingesperrt, wie Vögel zu singen und über Schmetterlinge zu lachen. Es ist das erste Mal, daß in der Familie ein wenig Friede herrscht: es würde genügen, wenn sich der Henker um Minuten verspätete. Aber er kommt pünktlich, erwürgt Cordelia und wird von Lear erwürgt, der ruft: »Ein Pferd, ein Hund, 'ne Maus soll Leben haben und Cordelia keinen Hauch?« und Kent, der treue Kent kann ihm nichts andres mehr wünschen als: »Brich, Herz, ich bitt' dich, brich!«
Oder es handelt sich gar nicht um den König von Norwegen oder Frankreich, sondern um den von Schottland, den legitimen Erben des von Macbeth usurpierten Thrones, und sein Wagen rückt an der Spitze des englischen Heeres heran und Macbeth müßte endlich sagen: »Das Sonnenlicht will schon verhaßt mir werden, oh! fiel in Trümmern jetzt der Bau der Erden, vermischten sich des Spieles Karten, Blätter des In-folio, Spiegelscherben des Verderbens!«

NACHBEMERKUNGEN

von Italo Calvino
für die deutsche Ausgabe

Dies Buch ist an erster Stelle Figur – die Spielkarten des Tarock – und an zweiter Stelle geschriebenes Wort. Mit der Figurenfolge werden Geschichten erzählt, die das geschriebene Wort zu rekonstruieren und zu deuten versucht.

Die Tarocks sind alte, besonders in Frankreich und Italien verbreitete Spiel- und Wahrsagekarten. Ein Spiel besteht aus 78 Karten: außer den zehn Zählkarten und den vier Figurenkarten (König, Königin, Reiter, Bube) für jede einzelne der vier Farben (Pokal, Münzen, Stab, Schwert) gibt es die 21 eigentlichen Tarocks (auch große Arkana genannt) sowie den »Narren«.

Die Tarocks besitzen eine ausgedehnte kartomantische Tradition an symbolischen, astrologischen, kabbalistischen und alchemistischen Auslegungen: von all dem finden sich jedoch kaum Spuren in diesem Buch; hier werden die Karten auf die denkbar einfachste und unmittelbarste Art und Weise »gelesen«, das heißt durch die Betrachtung dessen, was das Bild darstellt, und die Verleihung einer Bedeutung, die sich mit der jeweiligen Sequenz verändert, zu der die einzelne Karte gehört.

Von den beiden Texten, die dieses Buch enthält – *Das Schloß, darin sich Schicksale kreuzen* und *Die Ta-*

verne, darin sich Schicksale kreuzen – erschien der erste bereits in *Tarocchi, Il mazzo visconteo di Bergamo e New York*, F. M. Ricci editore, Parma 1969 (jetzt auch in englischer Sprache, ebenfalls bei Ricci, 1975); der Band reproduziert in Originalgröße und in Originalfarben die Tarocks, die Bonifacio Bembo etwa Mitte des 15. Jahrhunderts für die Herzöge von Mailand in Miniaturmalerei hergestellt hatte. Die Originalminiaturen befinden sich teils in der Accademia Carrara von Bergamo, teils in der Morgan Library in New York.

Die kleinen Abbildungen an den Seitenrändern meines Textes sind nur Hinweise auf diese überaus feinen Miniaturen des Bembo und erheben natürlich keinerlei Anspruch, irgendwie Gleichartiges zu bieten. Einige Karten des Bembo-Spiels sind verlorengegangen, darunter zwei, die für meine Erzählungen sehr wichtig sind: »Der Teufel« und »Der Turm«; wo diese beiden Karten in meinem Text erwähnt werden, konnte ich also nicht die dazugehörige Figur an den Seitenrand setzen.

Die Tarocks, die im *Schloß* die Geschichten formen, reihen sich in einer doppelten vertikalen oder horizontalen Sequenz aneinander; sie werden von drei anderen Tarock-Doppelreihen (horizontal oder vertikal) gekreuzt, die wieder andere Geschichten bilden. Daraus ergibt sich ein Allgemeinschema (siehe Seite 44), aus dem man drei Geschichten horizontal und drei Geschichten vertikal lesen kann; zudem kann jede einzelne dieser Sequenzen auch umgekehrt als andere Geschichte »gelesen« werden. So ergeben sich alles in allem zwölf Erzählungen.

Die Mittelachsen dieses Schemas enthalten Episoden,

die durch den *Rasenden Roland* von Ludovico Ariosto angeregt wurden (*Geschichte vom liebestollen Roland* und *Geschichte von Astolf auf dem Monde*). Das Poem *Der rasende Roland* entstand in der ersten Hälfte des 16. Jahrhunderts, also mindestens ein halbes Jahrhundert nach den Miniaturen des Bembo, doch es wurzelt in derselben höfischen Kultur der italienischen Renaissance.

Der zweite Teil des Buches, die *Taverne*, wurde auf die gleiche Weise komponiert, stützt sich jedoch auf das meistverbreitete gedruckte Tarockspiel, das man heute noch in Frankreich kaufen kann. Es ist dies der *Ancien Tarot de Marseille* aus dem Hause Grimaud, der ein im 18. Jahrhundert (doch sicher nach Vorlagen des vorangegangenen Jahrhunderts) gedrucktes Spiel wiedergibt. Besser als die Tarocks in Miniaturmalerei eignen sich diese hier für eine verkleinerte graphische Wiedergabe und büßen, wenn man von den Farben absieht, nicht allzu viel von ihrer Suggestivkraft ein.

Der »Marseiller« Tarock wird in Frankreich vor allem für die Kartomantie benutzt und hatte, besonders seit dem Surrealismus, eine große literarische Fortune. Den »Marseiller« Karten gleichen auch die in Nord- und Süditalien noch als volkstümliches Kartenspiel benutzten Tarocks.

Die französischen und die italienischen Bezeichnungen sind manchmal verschieden. »La maison Dieu« (das Haus Gottes) ist der geheimnisvolle französische Name für eine Karte, die in Italien »La Torre« (der Turm) heißt. »Le Jugement« (das Gericht) heißt »L'Angelo« (der Engel). »L'Amoureux« (die Liebenden) kann sowohl »L'Amore« (die Liebe) wie »Gli Amanti« (die Liebenden) heißen. Und aus der Einzahl

»L'Etoile« (der Stern) wird die Mehrzahl »Le Stelle« (die Sterne). Der Tarock mit der Nummer eins trägt in beiden Sprachen einen Namen von obskurer Bedeutung: »Le Bateleur«, »Il Bagatto« (der Pagat); zumeist wird er als »Gaukler« oder »Magier« interpretiert.
Auch in der *Taverne* ergeben sich Geschichten aus der Abfolge der Tarocks, und die siebzig wie ein Teppich auf den Tisch gebreiteten Karten fügen sich zu einem Allgemeinschema (siehe Seite 107), wo sich die einzelnen Geschichten überschneiden. Doch während im *Schloß* die Karten, aus denen die jeweiligen Geschichten bestehen, sich in klar zu unterscheidende horizontale und vertikale Folgen ordnen, bilden sie in der *Taverne* Blocks von unregelmäßigen Konturen, die in der Mittelzone des Allgemeinschemas, wo sich die Karten sammeln, die in fast allen Geschichten vorkommen, einander überlagern.

Ich veröffentliche dies Buch, um mich von ihm zu befreien: jahrelang hat es mich gefangengehalten. Begonnen hatte ich damit, daß ich Tarockkarten irgendwie aneinanderlegte; ich wollte sehen, ob es mir gelingen würde, eine Geschichte herauszuholen. So entstand *Die Geschichte vom Unschlüssigen*; ich schrieb sie auf; ich suchte nach anderen Kombinationen mit denselben Karten; ich begriff, daß die Tarocks eine Konstruktionsmaschine für Erzählungen sind; ich dachte an ein Buch, stellte mir eine Rahmenhandlung vor: stumme Erzähler, Wald, Gasthaus; mir kam die höllische Versuchung, alle Geschichten zu evozieren, die in einem Tarockspiel stecken können.
Ich dachte, so etwas wie ein Kreuzworträtsel zu konstruieren, das aus Tarocks an Stelle der Buchsta-

ben, aus piktographischen Erzählungen an Stelle der Worte bestand. Ich wollte, daß nur Geschichten mit einem klaren Bedeutungsgehalt daraus hervorgehen sollten, daß ich Freude daran haben würde, sie zu schreiben beziehungsweise nachzuschreiben, falls es klassische Geschichten wären. Es gelang mir bei den visconteischen Karten, weil ich als erste die Geschichten von Roland und Astolf zusammenstellte und mich für die anderen damit zufriedengab, sie so aufzubauen, wie sie sich aus den übriggebliebenen Karten ergaben. Dieselbe Methode hätte ich auch bei den Marseiller Tarocks anwenden können, aber ich wollte auf keine der erzählerischen Möglichkeiten verzichten, die mir diese so grob gezeichneten und rätselhaften Karten boten. Die Marseiller Tarocks gaben mir eine Anregung nach der anderen, und jede Geschichte war darauf aus, sämtliche Karten für sich zu beanspruchen. Ich hatte schon den *Unschlüssigen* geschrieben, der eine Menge Karten erforderte; ich hatte mir einen Shakespeare-*Pastiche* vorgenommen mit Hamlet, Macbeth, König Lear; ich wollte Faust, Parsifal, Ödipus und noch so viele andere bekannte Geschichten nicht verlieren, die ich in den Tarocks erscheinen und verschwinden sah; und ebensowenig noch zusätzliche Geschichten, die mir wie zufällig untergekommen waren: doch sie alle steuerten auf dieselben, die dramatischsten und suggestivsten Karten zu.

So verbrachte ich meine Tage damit, das Puzzle immer wieder von neuem zusammenzusetzen, dachte mir andere Spielregeln aus, skizzierte einige hundert quadratische, rhombische, sternförmige Schemata, und immer gab es wichtige Karten, die draußen blieben, und überflüssige, die mittenhinein gerieten. Und die Schemata wurden derart kompliziert (bekamen eine dritte Dimension, wurden kubisch, polyedrisch), daß ich mich selber darin verlor.

Um aus dieser Sackgasse herauszukommen, verzichtete ich auf alle Schemata und schrieb die Geschichten nieder, die schon eine Form hatten, und zwar ohne Rücksicht darauf, ob sie sich in das Maschenwerk der anderen einfügen würden oder nicht. Aber mir wurde klar, daß das Spiel nur dann einen Sinn hatte, wenn es sich auf unverrückbare Regeln gründete; eine umfassende, zwingende Konstruktion war nötig, aus der sich die Verquickung einer Geschichte mit den anderen ergab, sonst war alles vergebens.

Zu bemerken wäre noch, daß nicht alle Geschichten, die ich durch Aneinanderreihung von Karten visuell aufbauen konnte, ein befriedigendes Resultat brachten, wenn ich sie niederschrieb. Da waren welche, die mir überhaupt keinen Schreibimpuls gaben; ich mußte sie fallenlassen, sonst hätten sie mir das Stilniveau verdorben. Und da waren andere, die sich bewährten und augenblicklich die Haftfähigkeit des geschriebenen Wortes erlangten, das sich nicht mehr von der Stelle bewegen läßt, wenn es erst einmal dasteht.

Dann gab ich es plötzlich auf, ließ alles stehen und liegen und widmete mich anderen Dingen. Es war doch aberwitzig, noch mehr Zeit an ein Vorhaben zu vergeuden, dessen Möglichkeiten ich untersucht hatte und das nur in der Theorie, als Hypothese einen Sinn hatte. Einen Monat lang, vielleicht auch ein ganzes Jahr lang dachte ich überhaupt nicht mehr daran. Dann kam mir auf einmal der Gedanke, daß ich es ja auf eine andere Weise versuchen könnte, die einfacher und schneller war und einen sicheren Erfolg versprach. Und wieder konstruiere ich Schemata, verbessere sie, kompliziere sie: wieder verirre ich mich in diesen Wanderdünen, kapsle mich ab in einer manischen Obsession. Manchmal wache ich nachts auf und stürze zum Schreibtisch, um eine entscheidende Korrektur vorzunehmen, die eine endlose Reihe von Umstellungen bedingt. Andere Male gehe ich mit der Erleichterung zu Bett, die einzig wahre Formel gefunden zu haben; und kaum wache ich morgens auf, zerreiße ich sie. Auch jetzt noch, wo ich den Umbruch vor mir habe, lege ich Hand an, nehme auseinander, schreibe um. Wenn das Buch gedruckt ist, bin ich dann hoffentlich ein für allemal frei davon. Aber wird das wirklich so sein?

Ich möchte noch erwähnen, daß ich mich eine Zeitlang mit der Absicht trug, dem Buch noch einen dritten Teil hinzuzufügen. Erst wollte ich ein drittes Tarockspiel suchen, das von den anderen ziemlich verschieden wäre. Aber dann dachte ich, daß ich nicht schon wieder über dieselben Mittelalter-Renaissance-Symbole phantasieren sollte, sondern einen krassen Gegensatz dazu herstellen könnte, indem ich auf die gleiche Weise mit modernem Bildmaterial verfuhr. Doch wo haben wir ein heutiges Äquivalent für die Tarocks als Abbild des kollektiven Unbewußten? Ich dachte an die Comics, die dramatischsten, abenteuerlichsten, schrecklichsten: Gangster, terrorisierte Frauen, Raumschiffe, Vamps, Luftkrieg, wahnsinnige Wissenschaftler. Ich trug mich mit dem Gedanken, der *Taverne* und dem *Schloß* in einem ähnlichen

Rahmen noch *Das Motel, darin sich Schicksale kreuzen* anzufügen. Einige Menschen, die einer rätselhaften Katastrophe entronnen sind, finden Zuflucht in einem halbzerstörten Motel, wo nur noch ein angesengtes Zeitungsblatt herumliegt, die Seite mit den Comics. Die Überlebenden, die vor Entsetzen die Sprache verloren haben, erzählen ihre Geschichten, indem sie auf die Bildchen deuten, folgen aber dabei nicht dem Ablauf der einzelnen *Strips*: in vertikalen oder diagonalen Kolonnen wechseln sie von einem *Strip* zum andern.
Weiter als bis zur Formulierung der Idee, wie ich sie eben wiedergegeben habe, bin ich nicht gekommen. Meine theoretischen und darstellerischen Interessen hatten sich in andere Richtungen verlagert. Ich habe immer das Bedürfnis, die eine Schreibart mit einer ganz anderen zu wechseln und mich jedesmal ans Schreiben zu machen, als hätte ich noch nie zuvor etwas geschrieben.

NACHWORT *

Von Giorgio Manganelli

»Mir war, als befände ich mich an einem reichen Hof, was man bei einem so ländlichen und abgelegenen Schloß gar nicht vermuten konnte; und nicht nur wegen der wertvollen Einrichtung ... sondern ob der Ruhe und Gesetztheit der Tischgenossen, die alle ein schönes Aussehen hatten und mit ausgesuchter Eleganz gekleidet waren. Und gleichzeitig hatte ich ein Gefühl von Ungefähr und von Unordnung, wenn nicht gar von Sichgehenlassen, als wäre dies nicht ein Herrschaftssitz, sondern eine Durchgangsherberge ...«

Mit einer Sprache wie im Traum, verdichtet und staunend, erkundet Calvino den Ort, an dem er es einbettet – was? Weder eine Geschichte noch strenggenommen eine Erzählung; eher eine abstrakte, spätmittelalterliche Alltagsvision, von knöcherner Härte und zarter Fleischlichkeit. Das Schloß – oder besser gesagt, »die Behausung« von Ironie und Verwunderung – ist ein zweideutiger Ort, edel und arm; höfisch und zugleich von düsterer Weltlichkeit; wie ein Kartenspiel, voller heraldischer Zeichen, benutzt und angegriffen vom heiteren Jähzorn, vom mit Groll behafteten Schweiß der Spieler. Genau: ein Kartenspiel: nicht die zweidimensionalen, launischen Bilder, die Alice hinter dem Spiegel quälen, sondern archaische, weise, anspielungsreiche Karten, ein liturgisches Zeichensystem, orakelhaft und unverständlich.

Im Mittelpunkt von Calvinos jüngstem faszinierenden Buch, in einer sehr eleganten Ausgabe publiziert, ** steht

* Erschienen unter dem Titel ›Il mondo ammirato con la testa in giù‹ [Mit dem Kopf nach unten die Welt bewundert] in »L'Espresso«, XVI, 12, 22. März 1970, S. 22.

** Manganelli bezieht sich hier auf die Ausgabe: ›Il mazzo visconteo di Bergamo e New York‹, Franco Maria Ricci editore, Parma, 1969, in der ›Das Schloß, darin sich Schicksale kreuzen‹, erstmals publiziert wurde.

nämlich das Tarockspiel; wegen der Illustrationen ein wertvolles Spiel, im 15. Jahrhundert von Bonifacio Bembo und anderen entworfen, und hier anhand aller auffindbaren Karten neu zusammengesetzt, prunkend mit Gold, mit Emaille, mit pflanzlichem und geometrischem Dekor, von rätselhafter, feierlicher Dichte. Mitten auf einem Tisch platziert, an dem Damen und Ritter immerfort schweigsam sitzen, ist dieses Kartenspiel ein Katalog des Möglichen, eine Liste von Hypothesen, ein kryptisches Wörterbuch der Welt; seine Zeichen sind Abbreviaturen der Knotenpunkte des menschlichen Schicksals; alle zusammen nehmen sie einen eiskalten, prunkvollen Raum ein, in dem sie sich aufstellen. Von jedem Alltagslärm befreit, nehmen sie ihre Position ein: die bevorzugten rituellen Ereignisse, die Unglücksfälle, die Ekstasen, der Tod, der obskure Weg der Erkenntnis.
Doch da ergreift eine der schweigsamen Figuren die Karten und wählt mit entschlossener Geste eine aus, die den Charakter eines heraldischen Selbstporträts annimmt; neben diese legt sie eine zweite und nach und nach weitere; und mit den Bildern, den bedeutungsvollen und nicht eindeutigen Zeichen erzählt sie eine Geschichte ohne Worte. Jede Karte ist ein Wappen; doch ihre zeremonielle Aura verhüllt und enthüllt sehr menschliche Ereignisse und würdigt sie. Nicht die zeitliche Abfolge wird kommuniziert, sondern der Weg, den das Schicksal nimmt. Von Karte zu Karte enthüllt der schweigsame Erzähler eine Geschichte unbedachter Unglücksfälle und eiliger Liebschaften im Wald; doch die Karten, alle Karten, sind polyvalent; und da tritt ein weiterer Schweigsamer in Erscheinung, der aus einer dieser Karten eine neue Geschichte entstehen läßt, die in eine andere Richtung läuft. Das Pokal-As, das in der ersten Geschichte die Quelle war, aus der der unglückliche junge Mann getrunken hatte, wird in der zweiten zur alchimistischen Quelle des Lebens, und die junge Frau des leichten Abenteuers – das Arkanum der Mäßigkeit – erscheint vielleicht als Nonne, vielleicht als die Natur selbst; und die Geschichte geht weiter und bringt eine andere Geschichte hervor, und diese wieder eine andere; und wenn schließlich alle Tarockkarten zu-

sammen den Raum des Tisches einnehmen, und alle Tischgäste sie für ihre Bekenntnisse benutzt haben, ist das Wörterbuch der fatalen Möglichkeiten ganz vor uns ausgebreitet; je nach dem Weg, den wir wählen, wird man dort alle möglichen Lebenswege lesen: auch den des Erzählers, oder den des Lesers.

Jede Karte führt also, mit zwar unterschiedlichem, aber nicht unterbrochenem Sinn, zu unendlich vielen Lesarten, oder Texten oder Lebenswegen, »[weil] nämlich eine jede Erzählung einer anderen entgegenläuft und, während ein Tischgenosse seine eigene Reihe voranbringt, ein anderer vom anderen Ende her in umgekehrter Richtung vorgeht, weil die von links oder rechts oder unten oder oben her erzählten Geschichten ebenso von rechts nach links oder von oben nach unten beziehungsweise umgekehrt gelesen werden können«. So war die Geschichte »des Reisenden in der unterirdischen Stadt zum Beispiel nur die umgekehrt erzählte Geschichte des Besuchers der himmlischen Stadt ...«.

Calvinos Märchen ist ein seltenes Vergnügen für den, der sich den Ekstasen der Struktur verschrieben hat und mit Hilfe der Droge Syntax zu dem neigt, was man nicht ohne Anmaßung »heraldischen Realismus« nennen könnte; und gerade deshalb reiht sich die Erzählung heimlich in ein weises und subtiles Genre ein, von dem man uns versichert hatte, es sei »unmöglich«; und vielleicht begannen wir daran zu glauben: es ist ein didaktisches Märchen, das mit jedem Satz, jedem Absatz eine ikonische Präsenz einfordert und sie kommentiert, sie begleitet. Indem es geschickt Klarheit und unauflösbares Gewirr vermischt, indem es die Freude und die Angst unendlicher, erschöpfender Polyvalenz der Bedeutungen, auf einem Weg, der am Ende nicht zu entschlüsseln ist, in einer narrativen Glosse sammelt. Calvinos Spiel verbirgt ein Dilemma: es könnte sein, daß die Anordnung der Tarockkarten, wie sie sich am Schluß auf dem Tisch darstellt, definitiv das Ungeordnete und das Sinngemäße aufhebt – in der wiedergefundenen Identität der Gegensätze: »Roland hatte sich hinabbegeben ins chaotische Herz der Dinge, in den Mittelpunkt des Tarockquadrats und der Welt, zum Schnittpunkt aller denkbaren Ordnungen.« Das Arkanum der Gerechtigkeit könnte »der Erzählung Vernunft [sein], die sich unter der zufälligen Fügung der verstreuten Tarockkarten verbirgt«; da ist eine paradoxe Geste, halb asketisch, halb spielerisch, die es erlaubt, wenn man den Diskurs umdreht, sie genau zu lesen. Der Gehenkte, der mit dem Kopf nach unten hängt, erklärt: »Laßt mich so. ich habe die ganze Runde gemacht und habe begriffen. Die Welt muß man umgekehrt lesen. Alles ist klar.«

Es könnte allerdings sein, daß diese Vernunft, dieser mit dem Chaos identische Mittelpunkt eins ist mit dem faszinierenden, vergeblichen Fabulieren; der Sinn der Erzählung liegt nur im Erzählen; das Spiel involviert und erschüttert, denn es ist die höchste, oder die einzige Annäherung an die Tragödie, die uns erlaubt ist. Dem sentenziösen, mystischen Gehenkten scheint sich ein anderes Arkanum entgegenzustellen, der Pagat: die Figur eines Mannes in rotem Gewand, der an einer Werkbank sitzt; in seiner Hand hält er scheinbar eine Feder, aber in der linken, und er ist eine sehr obskure Figur: »ein Scharlatan oder Zauberer bei der Ausübung seines Handwerks«; aber auch ein Poet. »Auf den weißen Mondgefilden trifft Astolf den Dichter, der damit beschäftigt ist, in sein Webwerk den Rhythmus der Stanzen, die Fäden der Handlungen, Gründe und Nichtgründe einzubringen. ›Wenn jener mitten auf dem Monde wohnt – oder wie von seinem innersten Kern von ihm bewohnt wird –, kann er uns sagen, ob es stimmt, daß er das Universal-Reimlexikon der Worte und Dinge enthält, ob er die Welt voller Sinn, Gegenteil der sinnlosen Erde ist.‹ ›Nein, der Mond ist eine Wüstenei‹, lautete die Antwort des Dichters, der letzten auf den Tisch gekommenen Karte zufolge: kahle Rundung des *Münzen-Asses*, von dieser wüsten Sphäre geht jede Rede und jedes Gedicht aus; und jede Reise durch Wälder, Kämpfe, Schätze, Bankette, Alkoven führt uns wieder hierher in den Mittelpunkt eines leeren Horizonts.«

Aus dem Italienischen von Andreas Löhrer

INHALT